AF345142

INSTRUCTION

QUE

LE ROI

A FAIT EXPÉDIER

POUR RÉGLER PROVISOIREMENT

L'EXERCICE

DE SES TROUPES

D'INFANTERIE.

Du 30 Mai 1775.

A VERSAILLES,

DE L'IMPRIMERIE DU ROI. DÉPARTEMENT DE LA GUERRE.

M. DCCLXX

TABLE

DES

TITRES ET ARTICLES.

INSTRUCTION

Que LE ROI a fait expédier pour régler provisoirement l'Exercice de ses Troupes d'Infanterie.

Du 30 Mai 1775.

SA MAJESTÉ ayant réglé, par l'Instruction provisoire du 11 Juin 1774, les différentes manœuvres sur lesquelles ses Troupes d'Infanterie devoient être exercées par la suite, & ayant jugé à propos de faire quelques changemens à cette Instruction, Elle a ordonné & ordonne ce qui suit :

TITRE PREMIER.

De l'Armement & Equipement.

TOUTES les parties de l'armement & de l'équipement des Officiers, Bas-officiers, Grenadiers, Soldats & Tambours, seront uniformes & conformes aux modèles.

A

Les Colonels, Lieutenans-colonels, Majors, les Chefs de bataillons, les Aides-major & les Sous-aides-major, auront pour toutes armes des épées, qu'ils mettront à la main toutes les fois qu'ils feront fous les armes.

Tous les Officiers feront armés de fufils uniformes, avec leurs baïonnettes, d'épées & de gibernes.

Tous les Officiers porteront des hauffe-cols.

Les Fourriers, Sergens, Caporaux & Grenadiers feront armés de fufils avec leurs baïonnettes, d'un fabre & d'une giberne.

Les Appointés & les Fufiliers feront armés d'un fufil, d'une baïonnette & d'une giberne.

Tous les Tambours feront armés d'un fabre.

Les épées, les fabres & les baïonnettes feront portés par des ceinturons.

Tous les Bas-officiers, Grenadiers, Fufiliers & Tambours porteront le ceinturon fur la vefte, & il fera placé de manière qu'en portant les armes comme Soldat, la poignée du fabre fe trouve entre la croffe & l'avant-bras gauche.

Les Officiers ne porteront le ceinturon fur la vefte, que lorfqu'ils feront fous les armes.

TITRE II.

ARTICLE PREMIER.

Objets fur lefquels les Officiers & Bas-officiers doivent être inftruits

LES Officiers fupérieurs, tous les Officiers & les Bas-officiers de chaque Régiment feront tenus de favoir & d'exécuter avec précifion le maniement des armes particulier à l'Officier, celui du Soldat, la marche & fes différens pas, les évolutions, les différentes manœuvres

& les différens feux, pour être en état de conduire & d'exercer leur Troupe dans tous les cas.

Le Commandant du Régiment fera refponfable de l'inftruction générale des Officiers, Bas-officiers & Soldats; il exercera ou fera exercer les Officiers devant lui ou devant un Officier fupérieur, toutes les fois qu'il le jugera à propos.

Le Major fera chargé, fous fes ordres, de l'inftruction générale des Officiers, Bas-officiers & Soldats, & en rendra compte au Commandant du Régiment.

Les Aides-major & les Sous-aides-major aideront le Major dans tous les détails de l'inftruction où il jugera à propos de les employer.

Aucun Sujet propofé pour être Officier ne pourra être reçu à l'emploi auquel il aura été nommé, qu'après avoir fait le fervice, & avoir été exercé comme Soldat, pendant deux mois; comme Caporal, pendant deux autres mois; enfin, comme Sergent, auffi pendant deux mois, fous la conduite d'un Bas - officier : Voulant Sa Majefté qu'il monte chaque femaine une garde, qu'il foit tenu de porter fucceffivement les marques diftinctives de chacun de ces grades, & d'en remplir indiftinctement toutes les fonctions, à l'exception des corvées.

Lorfqu'au bout de ces fix mois, le Commandant du Régiment aura jugé ce nouveau Sujet fuffifamment inftruit, il le fera recevoir à fon emploi.

Aucun Officier ne fera réputé inftruit, qu'autant qu'il faura, indépendamment de l'exécution, commander & exercer la Troupe qui lui fera confiée.

Il fera à cet effet établi à l'Ecole d'inftruction une Ecole particulière de commandement, dans laquelle on apprendra aux Officiers l'énoncé des commandemens, la manière de les prononcer, & le ton du commandement.

Tous les commandemens dont l'énoncé fera compofé de plufieurs mots, feront coupés en deux parties. On prononcera diftinctement toutes les fyllabes de la première partie ; mais on s'attachera à prononcer d'un ton ferme & bref la dernière partie qui détermine l'exécution. Les commandemens qui ne devront fervir que d'avertiffement, feront prononcés d'un ton égal, & fans appuyer fur la dernière fyllabe.

On accoutumera les Officiers à n'avoir qu'un ton de commandement pour toutes les circonftances ; & ce ton fera de toute l'étendue de leur voix.

Auffitôt que les Officiers auront fuffifamment acquis l'habitude du commandement, on leur donnera à chacun une file , & fucceffivement un peloton de Soldats, pris dans le nombre des hommes renvoyés du bataillon à l'Ecole d'inftruction qui va être indiquée ci-après : ils exerceront le nombre d'hommes qu'on leur confiera, conformément à ce qui fera prefcrit.

ARTICLE 2.

Maniement du Fufil pour les Officiers & Bas-officiers.

LES Officiers & Bas-officiers auront toujours la baïonnette au bout du fufil.

Port de l'Arme.

L'arme dans le bras droit & au défaut de l'épaule , le canon en arrière & à plomb, la baguette en dehors, le bras alongé, la main droite embraffant le chien & la fougarde, la croffe à plat le long de la cuiffe droite, la main gauche pendante derrière l'épée.

ÉNONCÉ

ÉNONCÉ DES COMMANDEMENS.	POUR exécuter. Temps.	POUR montrer. Mouvemens	EXPLICATION DES MOUVEMENS.
Reposez-vous = sur vos armes.	1	2.	*Premier mouvement.* PORTER brusquement, en frappant, la main gauche à la capucine du milieu, détachant un peu l'arme de l'épaule, avec la main droite; lâcher en même temps la main droite; descendre l'arme de la main gauche; la resaisir avec la droite au dessus de la première capucine d'en bas, le pouce droit sur le canon pour l'empoigner, les quatre doigts alongés sur le bois, l'arme d'aplomb, la crosse à trois pouces de terre, le gros de la crosse dirigé sur le côté de la pointe du pied droit, & laisser tomber la main gauche derrière l'épée. *Second mouvement.* Laisser glisser l'arme; placer le talon de la crosse à côté de la pointe du pied droit.
Posez vos armes = à terre.	1.	2.	Comme il sera dit pour le Soldat, à l'art. 3 de l'*Inspection des armes*, tit. 3.
Reprenez = vos armes.	1.	2.	
Portez = vos armes.	1.	2.	*Premier mouvement.* Elever l'arme perpendiculairement avec la main droite, à hauteur du teton droit, vis-à-vis de l'épaule, à deux pouces du corps, le coude droit y restant joint; saisir l'arme de la main gauche, au dessous de la main droite, à la première capucine, & aussitôt descendre la main droite pour empoigner la fougarde & le chien, en appuyant l'arme à l'épaule.

B

ÉNONCÉ des Commandemens.	POUR exécuter. Temps.	POUR montrer. Mouvemens	EXPLICATION des Mouvemens.
			Second mouvement. Laisser tomber la main gauche pendante derrière l'épée, le bras droit alongé.
Portez l'arme = au bras.	I.	3.	*Premier mouvement.* Porter l'arme en avant, avec la main droite, entre les deux yeux & à plomb, le canon en dedans, la saisissant de la gauche à la capucine, l'élevant à hauteur du menton, & l'empoignant en même temps avec la main droite à quatre pouces au dessous de la platine. *Second mouvement.* Retourner l'arme avec la main droite, le canon en dehors, pour l'appuyer à l'épaule gauche, & passer l'avant-bras gauche horisontalement sur la poitrine, entre la main droite & le chien, pour qu'il soit appuyé sur l'avant-bras gauche. *Troisième mouvement.* Laisser tomber la main droite pendante sur le côté.
Portez = vos armes.	I.	3.	*Premier mouvement.* Empoigner l'arme avec la main droite, au dessous, & contre le bras gauche. *Second mouvement.* Porter l'arme avec la main droite perpendiculairement contre l'épaule droite, la baguette en avant, la saisissant avec la main gauche à hauteur de l'épaule droite; la main droite, dont le bras sera alors alongé, se tournera en même temps pour empoigner la sougarde & le chien.

ÉNONCÉ DES COMMANDEMENS.	POUR exécuter. Temps.	POUR montrer. Mouvemens	EXPLICATION DES MOUVEMENS.
			Troisième mouvement. Laisser tomber la main gauche pendante derrière l'épée. Si le Bataillon étant en bataille, on lui fait les commandemens, *en parade, ouvrez vos rangs = marche.* A ce commandement, les Officiers se porteront légèrement en avant à la distance prescrite, titre 6, article 7 de la *formation en parade*, se reposeront sur l'arme en faisant le dernier pas, & prendront la position de *parade*, qui s'exécutera en un temps.
	1.	2.	*Premier mouvement.* Porter la main droite au bout du canon, couvrant la capucine, le pouce alongé sur le canon, le bout détaché de l'épaule de quatre pouces, le coude droit au corps. *Second mouvement.* Tendre vivement le bras droit sur le côté, à hauteur de l'épaule, l'arme perpendiculaire, la contre-platine en avant, la crosse sur la ligne de la pointe du pied; poser ensuite la crosse à terre, la soutenant auparavant un instant en l'air, afin que l'arme tombe bien à plomb.
	6.		# ARTICLE 3. *Salut du Fusil de pied ferme.* *Premier temps.* Faire *à droite* en rapprochant l'arme du corps avec la main droite, la sou-

ÉNONCÉ DES COMMANDEMENS.	POUR exécuter. Temps.	POUR montrer. Mouvemens	EXPLICATION DES MOUVEMENS.
			garde en avant, la faifir de la main gauche, en frappant à hauteur du ceinturon, l'arme perpendiculaire.

Second temps.

Quitter l'arme de la main droite, l'élever de la gauche à hauteur du menton, & la faifir en même temps avec la main droite à la poignée au deffous du chien.

Troifième temps.

Couler vivement la main gauche jufqu'à la capucine, & baiffer brufquement avec les deux mains la pointe de la baïonnette à 6 pouces de terre, la main droite élevée à hauteur de la cravate.

Quatrième temps.

Revenir dans la pofition prefcrite au 2.ᵉ temps.

Cinquième temps.

Revenir dans la pofition du premier temps.

Sixième temps.

Faire face en tête, en fe repofant fur l'arme, comme il eft dit au 2.ᵉ mouvement de la *pofition en parade*.

ARTICLE 4.

Salut du Fufil en marchant.

Premier temps.

En avançant le pied gauche, détacher l'arme de l'épaule avec la main droite, & l'empoigner de la main gauche à hauteur de l'épaule.

Second

ÉNONCÉ DES COMMANDEMENS.	POUR exécuter. *Temps.*	POUR montrer. *Mouvemens*	EXPLICATION DES MOUVEMENS.

Second temps.

En avançant le pied droit, quitter l'arme de la main droite pour saisir la poignée, la main gauche ne bougeant pas.

Troisième temps.

En avançant le pied gauche, couler la main gauche jusqu'à la capucine, & baisser vivement la pointe de la baïonnette à six pouces de terre.

Quatrième temps.

En avançant le pied droit, replacer l'arme dans la position du 2.ᵉ temps.

Cinquième temps.

En avançant le pied gauche, quitter la poignée de la main droite, pour embrasser le chien & la fougarde.

Sixième temps.

En achevant le pied droit, achever de porter l'arme.

OBSERVATION.

En saluant, soit de pied ferme, soit en marchant, on fixera toujours la personne qu'on devra saluer, & on ne commencera le premier temps qu'à six pas d'elle.

Si, étant de pied ferme, elle vient de la gauche, on fera un *demi à gauche* au premier temps, en exécutant les autres temps, comme il est dit ci-dessus.

Lorsque les Officiers étant en parade devront aller occuper leurs places de bataille, à l'avertissement *serrez vos rangs*, ils rapprocheront la crosse de la pointe du pied, en un temps.

C

ÉNONCÉ DES COMMANDEMENS.	POUR exécuter. Temps.	POUR montrer. Mouvemens	EXPLICATION DES MOUVEMENS.
	1.	2.	Ce temps se montrera en deux mouvemens.

Premier mouvement.

Rapprocher vivement l'arme du corps avec la main droite, la baguette en avant, en prenant la position du premier mouvement de parade.

Second mouvement.

Laisser tomber vivement la main droite en frappant, pour prendre la position de *se reposer sur les armes.*

Aussitôt après ils porteront l'arme dans le bras droit.

Au commandement *marche*, ils feront *demi-tour à droite*, & iront occuper leurs places de bataille, ainsi qu'il est expliqué, article 4 *de la formation en bataille*, du titre 6.

A R T I C L E 5.

Maniement du Fusil des Caporaux.

Les Caporaux porteront, en toute occasion, le fusil comme le Soldat; mais s'ils doivent représenter des Sergens, ou marcher à la tête d'une Troupe, ou d'une pose de Sentinelles, ils porteront le fusil dans le bras droit comme les Officiers & les Sergens; ils exécuteront ce changement en un temps.

| | 1. | 3. | Ce temps se montrera en trois mouvemens. |

Premier mouvement.

Empoigner l'arme avec la main droite, en tournant la platine en dessus,

ÉNONCÉ DES COMMANDEMENS.	POUR exercer. Temps.	POUR montrer. Mouvemens	EXPLICATION DES MOUVEMENS.
			comme il est dit au titre 3 , article 3 , au premier mouvement du temps : *Présentez vos armes.*

Second mouvement.

Porter l'arme perpendiculairement avec la main droite , contre l'épaule droite, la baguette en dehors, le bras droit alongé, la main droite empoignant le chien & la sougarde ; la main gauche saisissant l'arme à hauteur de l'épaule.

Troisième mouvement.

Laisser tomber la main gauche pendante derrière le sabre.

Pour porter l'arme comme Soldat.

Ils l'exécuteront en un temps qui se montrera en trois mouvemens.

Premier mouvement.

Détacher l'arme de l'épaule droite, la porter perpendiculairement entre les deux yeux, la main gauche la saisissant à hauteur de la cravate ; la main droite quittant alors le chien & la sougarde pour prendre l'arme à la poignée, la fixant à hauteur du ceinturon.

Second mouvement.

Elever l'arme de la main droite, le pouce alongé le long de la contre-platine ; tourner le canon en dehors, placer l'arme contre l'épaule gauche, & descendre en même temps la main gauche sous la crosse.

Troisième mouvement.

Laisser tomber la main droite sur le côté.

ÉNONCÉ DES COMMANDEMENS.	POUR exécuter. Temps.	POUR montrer. Mouvemens	EXPLICATION DES MOUVEMENS.

ARTICLE 6.

Maniement du Drapeau.

Lorsque les Porte-drapeaux seront sous les armes en parade, & qu'ils devront porter le drapeau, ils le porteront en appuyant le talon sur la hanche droite, le tenant un peu de biais, la lance en avant, la main droite placée à un pied & demi au dessus de l'extrémité du talon, la main gauche pendante derrière l'épée.

Repofez-vous = fur vos armes.   1.   2.

Premier mouvement.

Détacher le drapeau de la hanche droite ; le porter perpendiculairement devant foi ; le faifir de la main gauche à un demi-pied au deffus de la main droite ; lâcher en même temps le drapeau de la main droite, pour l'abaiffer de la gauche, & le porter à plomb à côté de la pointe du pied droit ; le faifir auffitôt de la main droite à hauteur du teton, le talon à trois pouces de terre, la main gauche tombant en même temps derrière l'épée.

Second mouvement.

Laiffer gliffer le drapeau, le talon à côté de la pointe du pied droit, la main droite contenant toujours le drapeau à hauteur du teton, le coude au corps.

Portez = vos armes.   1.   2.

Premier mouvement.

Elever le drapeau de la main droite à hauteur du menton ; le faifir de la main gauche à hauteur du ceinturon ; l'élever auffitôt de cette main à hauteur du menton, & defcendre la main droite

droite

ÉNONCÉ DES COMMANDEMENS.	POUR exécuter. Temps.	POUR montrer. Mouvemens	EXPLICATION DES MOUVEMENS.
	6.		droite pour le faifir à hauteur du ceinturon, le drapeau d'aplomb. *Second mouvement.* Le placer fur la hanche droite dans la fituation prefcrite pour le porter, la main gauche pendante derrière l'épée. *Pour faluer du Drapeau en le portant, foit de pied ferme, foit en marchant.* *Premier temps.* Faire à droite en portant le drapeau perpendiculairement devant foi ; l'empoigner de la main gauche à un demi-pied au deffous de la droite. *Second temps.* Le faifir au talon avec la main droite. *Troifième temps.* Baiffer la lance à fix pouces deterre, en laiffant gliffer la main gauche à deux pieds de la droite, la main droite à hauteur de l'épaule, les bras tendus. *Quatrième temps.* Relever le drapeau perpendiculairement devant foi, rapprocher la main gauche à un pied de la droite. *Cinquième temps.* Empoigner le drapeau avec la main droite à un demi-pied au deffus de la gauche. *Sixième temps.* Faire front en appuyant le talon contre la hanche, & laiffant tomber la main pendante derrière l'épée.

D

ÉNONCÉ	POUR	POUR	EXPLICATION
DES COMMANDEMENS.	exécuter. *Temps.*	montrer. *Mouvemens*	DES MOUVEMENS.

OBSERVATION.

Lorsqu'on fera ce *salut* en marchant, on exécutera le premier temps au premier pas que fera le pied gauche ; le second temps, au second pas que fera le pied droit, & ainsi de suite.

Dans aucun cas, les Officiers & les Bas-officiers ne salueront personne du chapeau, qu'ils ne devront ôter que pour le Saint-Sacrement.

Dans *les haltes*, les Officiers & Bas-officiers se reposeront sur leurs armes, les poseront à terre, les reprendront, & les reporteront en même temps que la Troupe : on plantera les drapeaux en terre, & on y posera un sentinelle pour les garder.

Toutes les fois qu'un bataillon sera en parade, on portera le drapeau à la hanche : toutes les fois qu'un bataillon sera en bataille, on portera le drapeau à l'épaule droite, le bras droit alongé, le talon dans la main droite.

Du maniement de l'Epée.

Les Officiers de l'Etat-major porteront l'épée à l'épaule droite, la lame appuyée contre l'épaule, la poignée à hauteur de la hanche ; & lorsque les Officiers supérieurs & Chefs de bataillons devront saluer de l'épée, soit de pied ferme, soit en marchant, ils le feront en quatre temps.

Salut de l'Epée.

Premier temps.

La personne qu'on devra saluer étant

4.

ENONCÉ DES COMMANDEMENS.	POUR exécuter. Temps.	POUR montrer. Mouvemens	EXPLICATION DES MOUVEMENS.
			à six pas de distance, on élevera l'épée perpendiculairement, la pointe en haut, la lame plate devant soi, la garde vis-à-vis & à un pied de distance de l'épaule droite, le coude un demi-pied plus bas que le poignet.

Second temps.

Baisser doucement la lame de l'épée, de manière que la main soit à côté & vis-à-vis le milieu de la cuisse droite; tourner alors le poignet un peu en dehors; abaisser la pointe de l'épée fort doucement, & rester dans cette position jusqu'à ce que la personne qu'on aura saluée soit dépassée de deux pas.

Troisième temps.

Relever l'épée la pointe en haut, la tenant comme au premier temps.

Quatrième temps.

Porter l'épée à l'épaule, comme il est prescrit ci-dessus.

TITRE III.

ARTICLE PREMIER.

Ecole d'instruction dans chaque Régiment.

LE Commandant de chaque Régiment choisira un Aide-major, qui sera particulièrement chargé, sous l'inspection du Major, de l'Ecole d'instruction.

Le Commandant du Régiment nommera un Officier par bataillon, pour aider cet Aide-major lorsque le Régiment sera rassemblé, & pour le suppléer dans le cas où les bataillons feroient féparés. Il en augmentera le nombre, fuivant les circonftances, en obfervant de les prendre toujours parmi les Officiers parfaitement inftruits, & qui marqueront le plus de zèle.

Les Recrues feront dreffées à cette Ecole, qui fera fuivie de manière qu'en fix femaines le plus grand nombre des hommes puiffe être admis aux Compagnies.

Tout Sergent, Caporal, Appointé, Grenadier ou Fufilier qui aura été abfent des exercices pendant trois mois ou plus, fera remis à l'Ecole d'inftruction pour y être examiné.

Tout Appointé, Grenadier ou Soldat propofé pour être Caporal, tout Caporal propofé pour être Sergent, ne pourra être admis à ce nouveau grade, qu'après avoir paffé à l'Ecole d'inftruction pour y apprendre à commander.

Tous les nouveaux Sujets propofés pour être Officiers, rempliront à cette Ecole les différentes fonctions de Soldat, de Caporal & de Sergent.

Tous les Officiers qui fe feront abfentés des exercices pendant trois mois ou plus, repafferont à cette Ecole, & feront examinés par le Commandant du Régiment, avant d'être admis à commander leurs pelotons.

Les Officiers fupérieurs s'y trouveront fouvent ; mais un d'eux ou un Chef de bataillon fera commandé pour y être préfent toutes les fois qu'on devra y inftruire un ou plufieurs Officiers plus anciens que celui qui en fera chargé.

Les Bas-officiers les plus intelligens feront choifis pour être Maîtres d'exercice, fous l'infpection de l'Aide-major chargé de l'Ecole d'inftruction, de manière qu'il y en ait au moins deux dans chaque Compagnie ; & on obfervera de mettre les Recrues, par préférence, entre les mains d'un Bas-officier de leur Compagnie.

Cette Ecole fera divifée en trois leçons.

ART.

ARTICLE 2.

Première leçon.

On donnera cette première leçon , homme par homme ; mais dans le cas de l'arrivée d'un grand nombre de Recrues à la fois, on pourra en raffembler trois, en ayant attention de réunir ceux de même tournure & de même intelligence.

Pofition du Soldat.

Les talons joints & pofés fur la même ligne , les pointes des pieds également en dehors, & à la diftance de dix à douze pouces, les jarrets tendus fans les roidir, le corps bien à plomb, les épaules droites, effacées & également tombantes, le haut du corps & la poitrine en avant, le ventre rentré, fans cependant tendre le derrière, les deux mains pendantes & placées à plat fur le côté de la cuiffe, les bras alongés dans toute leur longueur, la tête dégagée des épaules, le cou retiré en arrière, le menton un peu rapproché de la cravate, fans cependant la couvrir, la tête tournée à droite, de manière que l'œil gauche fe trouve dans la direction des boutons de la vefte, le regard fixé fur l'objet qui lui fera indiqué.

On obfervera fur-tout que, dans fa pofition, le Soldat n'éprouve aucune gêne ; & on n'employera, pour y parvenir, ni le moyen de la planche, ni celui de la muraille.

On accoutumera le Soldat à l'immobilité : il la prendra auffitôt qu'on lui fera l'avertiffement *garde à vous* ; il la confervera jufqu'à l'avertiffement *repos.*

Le commandement *garde à vous* fera celui dont on fe fervira dans tous les cas où, une Troupe étant au repos, on voudra lui faire reprendre l'immobilité.

Après cette première pofition , on lui donnera fa giberne, & on lui montrera comme elle doit être placée.

E

On lui fera exécuter les mouvemens de tête par les commandemens, *tête à gauche, tête à droite.*

Tête = à gauche.

A ce commandement, tourner brufquement la tête à gauche, de manière que l'œil droit fe trouve dans la direction des boutons de la vefte.

Tête = à droite.

La tourner brufquement pour reprendre la même pofition, fans que le corps bouge, & fans pencher la tête.

Aux premières leçons, le Maître d'exercice aura attention de faire tourner la tête doucement, pour accoutumer l'homme de recrue à ne pas pencher la tête en la tournant brufquement.

On lui montrera les *à droite* & les *à gauche*, & les *demi-tours à droite.*

A droite . . . . . 1 temps.

Tourner fur le talon gauche, élevant un peu la pointe du pied gauche, rapporter en même temps le talon droit à côté du gauche, & fur le même alignement, fans frapper du pied.

A gauche . . . . . 1 temps.

Tourner auffi fur le talon gauche, rapporter le talon droit à côté du gauche, & fur le même alignement.

Demi-tour = à droite . . . . . 2 temps.

Premier temps.

Porter le pied droit en arrière, le talon droit à trois pouces du gauche, la boucle du pied droit contre le talon gauche, faifir en même temps la giberne par le coin avec la main droite.

Deuxième temps.

Tourner fur les deux talons, les jarrets tendus, en élevant un peu la pointe des pieds ; ramener le pied droit fur l'alignement du talon gauche, & lâcher la giberne.

On obfervera de couper ce commandement de manière que le premier temps s'exécute après l'avertiffement *demi-tour*, & le deuxième temps auffitôt après que l'on aura prononcé *à droite.*

Après cette première inftruction, on donnera à l'homme de recrue les premiers principes du pas.

Pas d'Ecole.

Ce pas fera de deux pieds ; il fera plus lent que le pas ordinaire, & d'environ quarante par minute.

1.

En avant.

2.

Marche.

Au fecond commandement, porter vivement, mais fans fecouffe, la jambe gauche en avant ; pouffer en même temps la totalité du corps, fans que les épaules tournent ni à droite, ni à gauche ; pofer le pied gauche à terre ; le pied gauche prêt à pofer, le talon, & fucceffivement la pointe du pied droit, quitte la terre ; le pied gauche étant pofé, la jambe droite commence à paffer lentement, fans que le pied touche la terre ; arrivé à la boucle du pied qui eft pofé, le jarret commence à fe retendre fucceffivement, & à mefure que le corps fe pouffe en avant, la pointe du pied un peu relevée & tournée en dehors, le pas s'achève en pofant à terre toutes les parties du pied en même temps. La marche continue en paffant ainfi alternativement les deux jambes.

Halte.

Finir le pas commencé, en rapportant vivement & fans frapper le pied à côté de celui qui eft à terre, & tourner la tête à droite, fi elle étoit à gauche en marchant, cette pofition devant toujours être celle du Soldat de pied ferme, à moins qu'il ne lui foit fait un commandement contraire.

Le commandement *halte* fe fera indiftinctement fur l'une ou l'autre jambe.

Après les premières leçons du pas d'école, on lui fera porter l'arme.

Port de l'Arme.

L'arme dans la main gauche, le bras prefque alongé de fa longueur, le coude joint au corps fans le ferrer, la paume de la main collée contre le plat extérieur de la croffe, le premier doigt fur la vis, le pouce par-deffus, les trois derniers doigts par deffous le talon de la croffe, qui fera appuyée plus ou moins en avant, fuivant la conftruction de la hanche, de manière que l'arme foit auffi droite qu'il fera poffible, la baguette du fufil au défaut de l'épaule, le canon en dehors, la main droite à plat le long de la cuiffe & fur le côté.

Attentions que doit avoir l'Inftructeur dans le pas d'Ecole & port de l'Arme.

Que la tête & le corps confervent toujours la pofition qu'il a donnée ; que l'arme ne vacille point ; que les épaules ne tournent ni à droite, ni à gauche ; que le corps & les jambes foient toujours également en mouvement ; que le corps fe porte toujours fur la jambe qui pofe à terre ; que l'impulfion du corps foit proportionnée au degré de vîteffe de la marche ; que l'Inftructeur indique de temps en temps cette vîteffe à l'homme de recrue, en marchant quelquefois lui-même un peu en avant de lui ; que les jambes ne croifent point l'une fur l'autre.

ARTICLE 3.
Deuxième Leçon.

Le Soldat ayant reçu les principes de la pofition du corps & du pas d'école, & ayant acquis l'aplomb nécef-faire, on réunira trois hommes : ils feront exercés au pas de manœuvre, tantôt en rang, tantôt en file.

Pas ordinaire.

Le pas ordinaire fera de deux pieds, & fa vîteffe de foixante-dix pas par minute ; il s'exécutera fur les mêmes principes que le pas d'école, en obfervant fur-tout que le corps fe porte continuellement en avant, & que fon impulfion détermine conftamment le mouvement des jambes.

Pas

Pas par le flanc.

Le pas de flanc fera de deux pieds; il s'exécutera fur les mêmes principes, excepté que le jarret fera un peu moins tendu, & que le haut du corps fe portera encore plus décidément en avant.

Marche de flanc.

Les trois hommes étant fur un rang, joints bras à bras, on leur fera faire *à droite* ou *à gauche*.

Au commandement *marche*, la file marchera en avant.

Attentions du Bas-officier dans la marche de flanc.

Que le Soldat porte le corps en avant au commandement *marche*; que chaque homme conferve toujours exactement l'intervalle qui le fépare de fon Chef de file, après avoir fait *à droite* ou *à gauche*, fuppofant chaque homme joint bras à bras à fon voifin lorfqu'il étoit en rang; que pendant la marche le corps foit toujours en mouvement; que les jambes paffent également; que le pas ne foit jamais moins long que de deux pieds.

Pas oblique.

Le pas oblique fera alongé le plus qu'il fera poffible, fuivant le degré d'obliquité dans lequel on marchera.

Au commandement
$$\begin{cases} Oblique \ à \ droite = marche, \\ ou \\ Oblique \ à \ gauche = marche. \end{cases}$$

Marcher obliquement à droite ou à gauche, laiffant toujours la tête tournée du côté vers lequel elle fe trouve.

En avant = marche.

Le Soldat marchera droit devant lui.

Attentions de l'Inftructeur dans la marche oblique.

Déterminer lui-même l'obliquité de la *marche*; exiger

F

que les trois hommes appuient en même temps à droite ou à gauche; que les épaules reſtent quarrément; prendre garde ſur-tout que l'épaule oppoſée au côté vers lequel on appuie, n'avance hors du rang; que les trois hommes reſtent joints bras à bras, du côté de l'alignement.

On exercera fréquemment les Soldats à raccourcir, & ſur-tout à alonger ces différens pas.

Pour raccourcir, on commandera :

Petit pas $=$ *marche.*

Marcher le pas d'un pied. Ce pas ſe fera également en arrière; mais on ne s'en ſervira que pour faire reculer un petit nombre de pas une Troupe qui ſe trouveroit trop en avant.

Pour alonger, on commandera :

Alongez $=$ *marche.*

Marcher le pas de deux pieds & demi.

Ces deux différens pas pourront être raccourcis, ſuivant le beſoin : la meſure en ſera alors déterminée par l'Inſtructeur, qui ſe placera de temps en temps à côté des hommes de recrue, à leur droite, ou à leur gauche, ſuivant le côté vers lequel ils auront la tête tournée. On accoutumera les Soldats à marquer le *pas*, ſans avancer, par le commandement :

Marquez $=$ *le pas.*

Rapporter le talon de la jambe en mouvement, à côté de celui qui eſt à terre, juſqu'au commandement *halte*, ou juſqu'au commandement *en avant* $=$ *marche*, qui ſe fera indiſtinctement ſur l'une ou ſur l'autre jambe.

Pas redoublé.

Le pas redoublé ſera de 120 à la minute; il s'exécutera ſur les mêmes principes : on accoutumera le Soldat à l'accélérer juſqu'à 140 par minute, pour les mouvemens de converſion ſeulement.

On exercera le Soldat à paſſer du pas ordinaire au pas redoublé, & du pas redoublé au pas ordinaire.

On commandera :

Pas redoublé = marche,

ou

Pas ordinaire = marche.

Prendre le pas redoublé, ou le pas ordinaire, ſuivant le commandement.

On exercera le Soldat à paſſer du pas en avant au pas oblique, & du pas oblique au pas en avant, par les commandemens indiqués ci-deſſus.

Le Soldat ayant marché ces différens pas, on lui montrera le maniement des armes, dans l'ordre ci-après.

Maniement des Armes.

Le maniement des armes ſera montré aux trois hommes enſemble, d'abord *en rang*, enſuite *en file*.

Les temps ſeront diviſés en mouvemens, pour montrer au Soldat le méchaniſme de chaque temps.

La dernière ſyllabe du commandement décidera l'exécution du premier mouvement : le commandement *deux*, *trois*, *&c.* décidera l'exécution de tous les autres.

Lorſque le Soldat connoîtra la poſition de chaque mouvement d'un temps, on lui montrera auſſitôt à exécuter ce temps, ſans s'arrêter ſur les différens mouvemens.

De la charge en douze temps.

ÉNONCÉ DES COMMANDEMENS.	POUR exécuter. Temps	POUR montrer. Mouvemens	EXPLICATION DES MOUVEMENS.
1. Chargez === vos armes.	I.	2.	*Premier mouvement.* FAIRE *demi à droite* sur le talon gauche ; placer le pied droit en équerre derrière le talon gauche, la boucle appuyant au talon ; tourner en même temps la platine en dessus avec la main gauche ; saisir la poignée du fusil avec la main droite. *Second mouvement.* Abattre l'arme avec la main droite, lâchant la main gauche, qui vient en même temps saisir l'arme à la première capucine, le pouce alongé le long du bois, la crosse sous le bras droit, le bout du canon à hauteur de l'œil, la fougarde un peu en dehors, le coude gauche appuyé sur le côté : en même temps que l'arme tombe dans la main gauche, le pouce de la main droite se place contre la batterie au dessus du chien, les quatre autres doigts de la main fermés, l'avant-bras droit le long de la crosse.
2. Ouvrez === le bassinet.	I.	I.	Découvrir le bassinet, en poussant fortement la batterie avec le pouce de la main droite ; porter la main à la giberne, en la passant entre la crosse & le corps, & ouvrir la giberne.
3. Prenez === la cartouche.	I.	I.	Prendre une cartouche, la tenir entre le pouce & les deux premiers doigts, la porter tout de suite entre les dents, la main droite passant entre la crosse & le corps.

Déchirer

ÉNONCÉ DES COMMANDEMENS.	POUR exécuter. Temps.	POUR montrer. Mouvemens	EXPLICATION DES MOUVEMENS.
4. *Déchirez = la cartouche*	I.	I.	Déchirer la cartouche jusqu'à la poudre, la tenant près de l'ouverture entre le pouce & les deux premiers doigts, la descendre tout de suite, & la placer horizontalement sur le bassinet, le coude appuyé sur la crosse.
5. *Amorcez.*	I.	I.	Baisser la tête ; porter l'œil sur le bassinet ; le remplir de poudre ; resserrer la cartouche près de l'ouverture avec le pouce & le premier doigt ; relever la tête ; porter la main droite derrière la batterie, en appuyant les deux derniers doigts dessus.
6. *Fermez = le bassinet.*	I.	I.	Fermer fortement le bassinet avec les deux derniers doigts, tenant toujours la cartouche dans les deux premiers ; saisir tout de suite la poignée du fusil avec les deux derniers doigts & la paume de la main droite, l'avant - bras droit joint au corps.
7. *L'arme = à gauche.*	I.	2.	*Premier mouvement.* Redresser l'arme, en étendant fortement le bras droit de sa longueur ; tourner en même temps la baguette vers le corps ; couler la main gauche jusqu'à la seconde capucine, & faire face en tête en portant le pied droit en avant, le talon contre la boucle du pied gauche. *Second mouvement.* Lâcher alors le fusil de la main droite, pour la remonter à hauteur & à un pouce du bout du canon ; descendre l'arme avec la main gauche le long & près du corps ; poser la crosse à terre, la main gauche appuyée au dessous de la boucle du ceinturon, l'arme touchant

G

ÉNONCÉ DES COMMANDEMENS.	POUR exécuter. Temps.	POUR montrer. Mouvemens	ÉNONCÉ DES COMMANDEMENS.
8. Cartouche = dans le canon.	I.	I.	la cuisse, le bout du canon à huit pouces & vis-à-vis le défaut de l'épaule droite. Porter l'œil sur le bout du canon ; tourner brusquement la main droite pour renverser la poudre, en élevant le coude à hauteur du poignet ; secouer la cartouche, & laisser la main renversée.
9. Tirez la baguette.	I.	2.	*Premier mouvement.* Baisser vivement le coude droit, & saisir la baguette entre le pouce alongé & le premier doigt ployé ; chasser tout de suite la baguette à moitié hors des tenons ; renverser vivement la main droite, le pouce en bas, le coude droit élevé, pour saisir la baguette près des tenons ; achever de la tirer dans la même direction, en alongeant les doigts vers le gros bout, & étendant le bras de toute sa longueur. *Second mouvement.* Tourner la baguette, le bras tendu ; chaque Soldat en avant de lui, la baguette du 2.ᵉ & 3.ᵉ rang rasant l'épaule droite de son Chef de file ; porter le gros bout dans le canon, & la faire entrer jusqu'à la main.
10. Bourrez.	I.	I.	Etendre le bras de sa longueur, en remontant la main droite pour saisir la baguette avec le pouce alongé, le premier doigt ployé & les autres fermés ; la chasser avec force dans le canon, & la resaisir par le petit bout avec le pouce & le premier doigt, le coude droit joint au corps.
11. Remettez = la baguette.	I.	2.	*Premier mouvement.* Chasser vivement la baguette à moitié hors du canon ; descendre la main

ÉNONCÉ DES COMMANDEMENS.	POUR exécuter. Temps	POUR montrer. Mouvemens	EXPLICATION DES MOUVEMENS.
			au bout du canon, la main renversée, le pouce en bas, le coude élevé à hauteur du poignet ; achever de la tirer en alongeant les doigts vers le petit bout, & rester le bras tendu. *Second mouvement.* La tourner comme il est expliqué au neuvième temps, pour apporter le petit bout dans les tenons ; la faire glisser le long des tenons, & l'enfoncer tout de suite, en plaçant sur le gros bout la main un peu ployée.
12. *Portez══vos armes.*	1.	3.	*Premier mouvement.* Elever l'arme le long du corps avec la main gauche, le petit doigt à hauteur de l'œil, le canon en dehors ; abaisser la main droite pour saisir l'arme à la poignée. *Second mouvement.* Elever l'arme de la main droite, lâcher alors la main gauche & la porter sous la crosse, rapportant le pied droit à côté du gauche & sur le même alignement ; placer l'arme avec la main droite contre l'épaule gauche, dans la position indiquée pour le port d'arme. *Troisième mouvement.* Laisser vivement tomber la main droite le long de la cuisse. Le temps d'apprêter les armes se montrera aux trois rangs, en deux mouvemens.
Apprêtez══vos armes.	1.	2.	*Position du premier rang.* *Premier mouvement.* Tourner la pointe du pied gauche

ÉNONCÉ DES COMMANDEMENS.	POUR exécuter. Temps.	POUR montrer. Mouvemens	ÉNONCÉ DES COMMANDEMENS.
			en dedans, jufqu'à ce qu'elle foit droite en avant ; porter vivement & droit en arrière le pied droit, le talon en l'air, reculant en même temps le corps qui fe trouve alors porté fur la pointe du pied droit & fur la jambe gauche, dont le genou eft un peu ployé ; tourner en même temps l'arme avec la main gauche, la platine en deffus ; la faifir à la poignée avec la main droite ; lâcher auffitôt la main gauche ; apporter l'arme de la main droite, en la defcendant un peu, vis-à-vis la cuiffe droite ; la reprendre de la main gauche à la première capuçine, en lâchant la main droite, qui vient faifir la tête du chien avec le premier doigt & le pouce.

Second mouvement.

Pofer le genou droit à terre, à **douze** pouces du talon gauche ; appuyer à terre avec la main gauche, fans frapper, le talon de la croffe fur l'alignement, & à fix pouces fur la droite du talon gauche, vis-à-vis la cuiffe droite, l'arme droite ainfi que le corps, la croffe pofée à terre ; armer auffitôt, en appuyant le pouce fur la tête du chien.

Pofition du deuxième rang.

Premier mouvement.

Comme le premier mouvement du premier temps de *chargez vos armes*, excepté que le pied droit fe portera à dix pouces du gauche fur le côté, & à quatre pouces en arrière.

Second mouvement.

Apporter l'arme avec la main droite

au

ÉNONCÉ DES COMMANDEMENS.	POUR exécuter. Temps.	POUR montrer. Mouvemens	EXPLICATION DES MOUVEMENS.
			au milieu du corps ; placer la main gauche en frappant, le petit doigt joignant le reffort de batterie, le pouce alongé le long du bois & à hauteur du menton, la contre-platine tournée vers le corps ; porter en même temps le pouce de la main droite fur la tête du chien, le premier doigt au deffus de la fougarde, les trois autres doigts au deffous ; fermer vivement le coude droit en armant, & faifir la poignée.

Pofition du troifième rang.

Premier mouvement.

Comme le fecond rang, le pied droit fe portant à dix pouces du talon gauche, mais fur le même alignement.

Second mouvement.

Apporter le pied gauche devant le droit, le talon à la boucle, les pieds en équerre ; le refte comme le fecond rang.

ÉNONCÉ	Temps	Mouvemens	EXPLICATION
En = joue.	I.	I.	Appuyer la croffe contre l'épaule droite, le coude droit abattu, fans être ferré au corps ; fermer l'œil gauche ; diriger l'œil droit le long du canon ; baiffer la tête fur la croffe, pour ajufter.

Le premier rang.

En alongeant vivement le bras gauche à hauteur de l'épaule, le premier doigt & le pouce de la main droite tenant la tête du chien pour faire faire la bafcule à l'arme.

Les deuxième & troifième rangs.

En abaiffant vivement le bout du

H

ÉNONCÉ DES COMMANDEMENS.	POUR exécuter. Temps.	POUR montrer. Mouvemens	EXPLICATION DES MOUVEMENS.
			canon, gliffer la main gauche à la première capucine, le troifième rang reculant en même temps brufquement le pied droit à fix pouces en arrière du gauche, le genou gauche un peu ployé, & le corps incliné en avant : dans les trois rangs, placer le premier doigt fur la détente, le premier rang tirant horizontalement, & les deux derniers abaiffant un peu le bout du fufil.
Feu.	I.	2.	*Premier mouvement.* Appuyer avec force le premier doigt fur la détente, fans baiffer davantage la tête, & refter dans cette pofition. *Second mouvement.* Se relever brufquement ; & les trois rangs retireront vivement leurs armes, la croffe fous le bras droit, pour prendre la pofition du deuxième mouvement du premier temps de la *charge*, à l'exception que l'avant-bras droit fera collé au corps, que le pouce faifira la tête du chien, les doigts fermés, pour le remettre au repos, & que le troifième rang, en rapprochant le pied droit du gauche, reftera fur le même terrain.
Le chien === *au repos.*	I.	I.	Relever le chien jufqu'au cran du repos ; porter la main à la giberne en la paffant entre la croffe & le corps ; ouvrir la giberne. Si, aprés avoir fait *feu*, on ne veut point faire charger les armes, on commandera auffitôt après, *portez* === *vos armes.* Le Soldat mettra le chien au repos, fermera le baffinet, & portera l'arme. Les Soldats du troifième rang fe remettront brufquement à leur Chef

ÉNONCÉ DES COMMANDEMENS.	POUR exécuter. Temps.	POUR montrer. Mouvemens	EXPLICATION DES MOUVEMENS.
			de file, en portant les armes, soit qu'ils aient chargé, soit qu'ils n'aient pas chargé.
Présentez = vos armes.	1.	2.	*Premier mouvement.* Tourner la platine en dessus avec la main gauche ; saisir la poignée avec la main droite, l'arme d'aplomb. *Second mouvement.* Détacher l'arme de l'épaule ; l'abandonner en même temps de la main gauche, pour achever de la tourner avec la droite ; la porter à plomb vis-à-vis l'œil gauche, la baguette en avant, le chien à hauteur du ceinturon, la main droite empoignant l'arme au dessous & contre le chien & la fougarde ; la saisir en frappant avec la main gauche ; placer le petit doigt contre le ressort de batterie, le pouce alongé le long du canon contre la monture, l'avant-bras collé au corps sans être gêné ; rester face en tête, & retirer le pied droit en équerre derrière le gauche, la boucle contre le talon.
Portez = vos armes.	1.	2.	*Premier mouvement.* Rapporter le pied droit à côté du gauche sans frapper ; tourner l'arme, le canon en dehors, l'élever & la placer contre l'épaule gauche avec la main droite ; descendre la main gauche sous la crosse. *Second mouvement.* Laisser tomber la main droite sur le côté. *Inspection des armes.* La position du Soldat reposé sur l'arme sera toujours la main basse, le

ÉNONCÉ DES COMMANDEMENS.	POUR exécuter. Temps.	POUR montrer. Mouvemens	EXPLICATION DES MOUVEMENS.
1. *Garde* = *à vous.* **2.** *Inspection*=*des armes.*		1.	canon entre le premier doigt & le pouce, ces deux doigts alongés le long de la monture, les trois autres doigts alongés fur le canon, le bout du canon à deux pouces de l'épaule, la baguette en avant, le talon de la croffe contre la pointe du pied droit.
	1.	1.	Faire *à droite & demi* fur le talon gauche, en portant le pied droit à fix pouces du gauche, les talons fur la même ligne, les pieds en équerre; faifir l'arme de la main gauche à hauteur du ceinturon; incliner le bout du canon en arrière, le talon de la croffe ne bougeant point, la baguette tournée vers le corps; porter auffitôt la main droite à la baïonnette, en écartant un peu l'arme du corps; l'arracher du fourreau; la porter & la placer au bout du canon, en rapprochant l'arme du corps; faifir auffitôt la baguette entre le pouce & le premier doigt, & la tirer, comme il eft expliqué à *la charge en douze temps*; la laiffer gliffer dans le canon, & faire face en tête auffitôt, pour reprendre la première pofition.

Alors chaque Officier infpectera fucceffivement l'arme du Soldat devant lequel il paffera; il la prendra, & la lui rendra après l'avoir examinée. Un Basofficier fuivra en même temps parderrière, pour vifiter les gibernes. Le Soldat ouvrira fa giberne avec la main droite, à l'inftant où l'Officier prendra fon arme; & dès que l'Officier la lui aura rendue, il remettra de lui-même la baguette, en reprenant la pofition prefcrite au commandement *infpection des armes*, après quoi il fe replacera face en tête.

Si

ÉNONCÉ DES COMMANDEMENS.	POUR exécuter. Temps.	POUR montrer. Mouvemens	EXPLICATION DES MOUVEMENS.
			Si on ne veut faire mettre que la baïonnette, on commandera :
Baïonnette = au canon.	I.	I.	Mettre la baïonnette au bout du canon, & aussitôt faire face en tête.
			Si, la baïonnette étant au canon, on veut faire mettre la baguette dans le canon pour faire l'inspection des armes après avoir tiré, on commandera :
Baguette = dans le canon.	I.	I.	Mettre la baguette dans le canon, faire aussitôt face en tête, & la remettre après que l'arme aura été examinée par l'Officier, comme il est dit au commandement *inspection des armes.*
			L'inspection finie, on commandera :
Portez = vos armes.	I.	2.	*Premier mouvement.* Elever l'arme de la main droite en la portant contre l'épaule gauche, la faisant tourner pour que le canon se trouve en dehors ; placer en même temps la main gauche sous la crosse, & laisser couler la droite quatre doigts au dessus de la batterie. *Second mouvement.* Laisser tomber la main droite à plat sur le côté de la cuisse.
Reposez-vous sur vos armes.	I.	2.	*Premier mouvement.* Alonger le bras gauche ; saisir l'arme avec la main droite au dessus de la première capucine ; lâcher la main gauche, & porter l'arme tout de suite à droite, la crosse à trois pouces de terre, la baguette en dehors. *Second mouvement.* Laisser glisser la crosse à terre, pour

I

ÉNONCÉ DES COMMANDEMENS.	POUR exécuter. Temps.	POUR montrer. Mouvemens	EXPLICATION DES MOUVEMENS.
Posez vos armes = à terre.	I.	2.	prendre la position indiquée avant le premier commandement de l'infpection. *Premier mouvement.* Tourner l'arme de la main droite, la contre-platine en avant ; faifir la bretelle de la giberne avec la main gauche ; courber le corps brufquement ; avancer le pied gauche ; pofer l'arme à terre avec la main droite, droit devant foi, le talon de la crofle reftant toujours à hauteur de la pointe du pied droit, le jarret droit un peu ployé, le talon droit élevé, le talon gauche vis-à-vis la première capucine. *Second mouvement.* Se relever, rapporter le pied gauche à côté du droit, laiffer tomber les deux mains à plat fur le côté de la cuiffe.
Reprenez = vos armes.	I.	2.	*Premier mouvement.* Comme le premier mouvement de *pofer l'arme à terre.* *Second mouvement.* Relever l'arme, & auffitôt que le pied gauche eft arrivé à côté du droit, tourner l'arme avec la main droite, la baguette en avant, la main gauche tombant pendante.
Portez = vos armes.	I.	2.	*Premier & fecond mouvemens.* Comme ci-deffus.
Portez l'arme = au bras.	I.	3.	*Premier mouvement.* Empoigner l'arme en frappant à quatre pouces au deffous de la platine, fans tourner le fufil.

ÉNONCÉ DES COMMANDEMENS.	POUR exécuter. Temps.	POUR montrer. Mouvemens	EXPLICATION DES MOUVEMENS.
			Second mouvement. Quitter la croffe de la main gauche; placer l'avant-bras gauche étendu fur la poitrine contre le chien. *Troifième mouvement.* Laiffer tomber la main droite à plat fur le côté de la cuiffe.
Portez = vos armes.	1.	3.	*Premier mouvement.* Porter brufquement la main droite à la poignée de l'arme. *Second mouvement.* Placer la main gauche en frappant fous la croffe, pour fixer l'arme dans la pofition ordinaire. *Troifième mouvement.* Laiffer tomber la main droite à plat fur le côté de la cuiffe.
Remettez = la baïon-nette.	1.	3.	*Premier mouvement.* Alonger le bras gauche, faifir l'arme avec la main droite au deffus de la pre-mière capucine. *Second mouvement.* Defcendre l'arme de la main droite le long de la cuiffe gauche; la faifir de la main gauche au deffus de la droite, pour prendre la pofition du feptième temps de la charge; ôter la baïonnette avec la main droite; détacher l'arme du corps avec la main gauche; remettre la baïon-nette dans le fourreau, en baiffant un peu la tête pour en voir l'entrée, & la relever auffitôt, la main droite reftant près de la douille. *Troifième mouvement.* Porter l'arme comme il eft expliqué au douzième temps de la charge.
La platine = fous le bras gauche.	1.	2.	*Premier mouvement.* Empoigner brufquement l'arme avec

ÉNONCÉ DES COMMANDEMENS.	POUR exécuter. Temps.	POUR montrer. Mouvemens	EXPLICATION DES MOUVEMENS.
	.		la main droite à la poignée ; la détacher en même temps de l'épaule, le canon en dehors ; la faisir de la main gauche à la capucine à hauteur de la cravate, le pouce alongé fur la baguette, l'arme à plomb, vis-à-vis l'épaule gauche, la pointe de la croffe ne changeant point de place, le coude gauche joint à l'arme, le pouce droit fur la contre-platine, & le premier doigt contre le chien.
			Second mouvement.
			Paffer l'arme fous le bras gauche, fans changer la main gauche de place, le petit doigt appuyé à la hanche, la main droite tombant en même tems à plat fur le côté.
Portez ═ vos armes.	I.	2.	*Premier mouvement.*
			Relever l'arme de la main gauche, la faifir de la droite à la poignée, pour l'appuyer contre l'épaule, la croffe placée à hauteur du port d'arme ; quitter la main gauche & la placer en frappant fous la croffe.
			Second mouvement.
			Laiffer tomber la main droite pendante fur le côté.
Baïonnette ═ au canon.	I.	3.	*Premier mouvement.*
			Comme le premier mouvement de *remettre la baïonnette.*
			Second mouvement.
			Comme le 2.ᵉ mouvement de *remettre la baïonnette,* excepté que la main gauche tenant l'arme écartée du corps, la main droite faifira la douille de la baïonnette, pour la mettre brufquement au bout du canon ; la main gauche rapprochera en même temps l'arme du corps.
			Troifième mouvement.
			Porter l'arme comme il eft expliqué au douzième temps de *la charge.*
			Attentions

Attentions que doit avoir le Maître d'Exercice, en montrant le maniement des armes.

Exécuter lui-même chaque mouvement qu'il montre, avant de le faire exécuter, afin de joindre l'exemple au précepte.

Aussitôt que les hommes de recrue sauront les mouvemens d'un temps, leur montrer le temps en l'exécutant lui-même devant eux, sans s'arrêter sur les mouvemens ; leur faire recommencer les mouvemens, s'ils n'en ont pas bien saisi l'exécution ; faire conserver la position du corps & de la tête ; exiger vivacité dans l'exécution, immobilité après chaque mouvement ou chaque temps, précision dans les positions ; avoir attention que les bras seuls agissent, que l'arme passe toujours le plus près possible du corps ; montrer à chaque homme la position des trois *rangs* pour l'exécution des *feux*.

Il aura principalement attention de montrer les temps, l'un après l'autre, selon l'ordre dans lequel ils sont prescrits.

ARTICLE 4.

Troisième Leçon.

ON réunira trois files, que l'on exercera à la charge précipitée, qui sera divisée en quatre temps principaux.

Charge précipitée.

Chargez ⸗ *vos armes.*

Faire le premier temps de la *charge*, découvrir le bassinet, prendre la cartouche, la déchirer, & amorcer.

2.

Fermer le bassinet, passer l'arme à gauche, mettre la cartouche dans le canon.

3.

Tirer la baguette, la mettre dans le canon, & bourrer.

K

4.

Sortir la baguette, la remettre , & porter l'arme.

On montrera enfuite *la charge à volonté*, qui s'éxé-cutera comme *la charge précipitée*, fans s'arrêter fur les quatre temps marqués.

On montrera enfuite l'exécution des *feux*.

Commandemens pour les feux.

1.
Peloton.
2.
Armes.
3.
Joue.
4.
Feu.

Ces Commandemens s'exécuteront comme il eft pref-crit , titre 3 , article 3.

Mouvemens de converfion par files.

On commandera :

1.
A droite ,
ou
à gauche.
2.

$$\textit{Par files} = \begin{cases} \textit{à droite,} \\ \text{ou} \\ \textit{à gauche.} \end{cases}$$

3.
Marche.

Au premier commandement, on fera *à droite* ou *à gauche.*

Le deuxième commandement ne fervira que d'avertiſſement.

Au troiſième commandement, les files feront un mouvement de converſion au pas, & dans la direction qu'indiquera le
Bas - officier, qui, dans tous les mouvemens de converſion par
files, conduira toujours l'homme de la droite ou de la gauche
du premier rang, ſuivant le flanc par lequel on marchera, en
ſe plaçant à côté de lui.

Lorſqu'on marchera par le flanc droit, les deux derniers
rangs auront la tête à gauche, & lorſqu'on marchera
par le flanc gauche, ils auront la tête à droite.

On leur montrera à ouvrir & ſerrer les rangs, comme
il ſera preſcrit au titre 5, article 2.

On mettra les trois files ſur un rang, pour leur donner
les principes d'alignement & de converſion.

Commandemens pour l'alignement.

Alignement.

On s'alignera du côté vers lequel on aura la tête tournée.

A droite === alignement.

Si on a la tête à gauche, on la tournera vivement à droite,
& on s'alignera à droite.

A gauche === alignement.

Ayant la tête à droite, on la tournera bruſquement à gauche, & on s'alignera à gauche.

Sur le centre === alignement.

On tournera la tête vers le centre, & on s'y alignera.

Principes d'alignement de pied ferme.

Conſerver la poſition du corps & de la tête, telle
qu'elle a été donnée dans la première leçon; joindre
l'homme qui eſt à côté de ſoi; s'aligner à lui de manière
à découvrir la ſuperficie de la poitrine du Soldat dont on
eſt ſéparé; prendre l'alignement ſucceſſivement d'homme
à homme avec la plus grande vivacité.

Principes généraux des mouvemens de conversion.

Les mouvemens de conversion se feront toujours au mouvement du pas redoublé de cent quarante pas par minute ; mais dans les premières leçons on en montrera les principes au pas ordinaire.

On fera le commandement *halte*, aussitôt que le mouvement de conversion sera achevé ; & celui de *marche* pour reprendre le pas ordinaire.

Commandemens pour les mouvemens de conversion.

1.

$$\textit{Par peloton} = \begin{cases} \textit{à droite,} \\ \textit{ou} \\ \textit{à gauche.} \end{cases}$$

2.

Marche.

3.

Halte.

4.

Marche.

Au second commandement, prendre le pas redoublé ; tourner brusquement les têtes vers l'aile qui marche, que conduira le Maître d'Exercice ; en suivre tous les mouvemens pour conserver l'alignement ; ne point quitter le coude du côté du pivot, qui ne fera que tourner sur le talon gauche ; résister à la pression contre le côté qui marche : l'homme de l'aile marchante tournera seul la tête du côté du pivot.

Au troisième commandement, arrêter & tourner la tête à droite.

Au quatrième commandement, reprendre le pas ordinaire, qui seroit suivi du commandement *tête à gauche*, si, après le mouvement de conversion, on devoit marcher en avant, la tête tournée à gauche.

Lorsque le Commandant de l'Ecole d'instruction aura

plusieurs

plufieurs files inftruites, il les réunira pour en former des pelotons, qui n'excéderont jamais dix ou douze files ; il les exercera lui-même, ou les fera exercer par un des Officiers deftinés à l'aider : on attachera à ces pelotons, ceux des Officiers & Bas-officiers qui feront à l'Ecole d'inftruction.

On leur fera exécuter alors tout ce qui va être pref- crit au titre 4 de l'*Inftruction des Compagnies*.

On pourra réunir deux de ces pelotons, mais jamais un plus grand nombre.

ARTICLE 5.
De l'École des Tambours.

LE Tambour - major fera chargé de l'inftruction des Tambours, & en fera refponfable à l'Aide-major chargé de l'Ecole d'inftruction , & à l'Aide-major de chaque bataillon. Le plus ancien Tambour de chaque bataillon répondra de ceux de fon bataillon, fi les bataillons font féparés.

Cette inftruction doit embraffer la tenue, la marche & la manière dont les Tambours doivent battre toutes les batteries avec précifion.

On fuivra la marche & les batteries réglées en 1754 pour l'Infanterie Françoife , & les réglemens particuliers envoyés aux Régimens étrangers.

L'ufage des batteries eft prohibé dans les Ecoles d'inf- truction & dans les manœuvres : on ne s'en fervira même dans la *marche en bataille*, que lorfque cela fera expreffé- ment ordonné.

TITRE IV.

De l'Instruction particulière des Compagnies.

LES Officiers supérieurs ou Chefs de bataillon seront présens à cet exercice.

Le Capitaine exercera lui-même sa Compagnie.

Tout Officier, de quelque grade qu'il puisse être, qui ne sera pas en état de commander sa Troupe, sera remplacé par un autre, & envoyé par le Commandant à l'Ecole d'instruction.

Les Aides-major & Sous-aides-major seront chargés par le Commandant de veiller à ce que, dans tous les détails de cet exercice, on se conforme à ce qui est prescrit par la présente Instruction.

Une Troupe qui sera de pied ferme, soit à rangs ouverts, soit à rangs serrés, aura la tête à droite, à moins que la personne qui devra la voir, ne vienne de la gauche ; auquel cas on lui fera le commandement :

Tête ══ à gauche.

Dans la marche en avant, les Compagnies qui doivent être pelotons de *droite* dans le bataillon, tourneront la tête à gauche : les compagnies qui doivent être pelotons de *gauche*, auront la tête à droite : elles observeront l'inverse, lorsqu'elles marcheront par le dernier rang.

ARTICLE PREMIER.

De l'Alignement, de la Charge, & des Feux.

LA Compagnie étant arrivée sur le terrain où elle devra exercer, le Commandant fera ouvrir les rangs, comme il est dit au titre 5, article 2.

Le Capitaine, le Lieutenant & le Sous-lieutenant se porteront à la droite de chaque rang, pour rectifier l'alignement.

On exercera les Soldats à s'aligner très-promptement ; & pour cet effet on changera la direction des premières files du premier rang. Le Lieutenant & le Sous-lieutenant aligneront les second & troisième rangs parallèlement au premier.

Après avoir pris quelques alignemens, on fera *présenter les armes.*

On fera exécuter la *charge en douze temps,* & la *charge précipitée.*

On fera *serrer les rangs,* & on exécutera la *charge à volonté,* & les *feux.*

Attentions du Commandant de Compagnie, en exerçant de pied ferme.

Le Commandant de Compagnie obfervera que le Soldat prenne fon alignement avec la plus grande vivacité ; qu'il joigne bras à bras l'homme qui eft à côté de lui ; qu'il conferve exactement la pofition prefcrite dans la première leçon.

Dans la *charge en douze temps,* il examinera fcrupuleufement le Soldat fur les pofitions, fur la vivacité de l'exécution de chaque temps, & fur l'immobilité après chaque temps.

Dans la *charge précipitée,* il examinera le Soldat fur la pofition des quatre temps principaux.

Dans la *charge à volonté,* il renverra à l'Ecole d'inftruction le Soldat qui finit habituellement le dernier, ou qui ne paffe pas exactement par tous les temps de la charge.

Dans les *feux,* il examinera l'emboîtement ; mettra entre le commandement *armes* & le commandement *joue,* le temps fuffifant pour que le Soldat ait armé ; obligera le Soldat à vifer, en couchant *en joue,* & à regarder le bout du canon.

Il fera fouvent le commandement *retirez = vos armes*, fans avertiffement, & après avoir commandé *joue*, le commandement *feu*, auffi fans avertiffement, examinant ou faifant examiner par les Serre-files fi le chien eft abattu après ce commandement, ou fi le Soldat a tiré lorf-qu'on a fait celui *retirez = vos armes*.

Dans tous les exercices de détail, les chiens feront garnis en bois.

Si, après cet exercice, on ne doit point tirer à poudre, chaque Soldat aura dans fa giberne trois cartouches de bois.

Si on doit tirer à poudre, on ne portera point de cartouches de bois.

Si, après avoir exercé en détail par Compagnie, on doit faire tirer à poudre par Compagnie, ou par Régi-ment, les chiens ne feront armés de pierres, que lorf-que le détail fera fini.

On fera ufage de pierres & de cartouches de bois dans les premières écoles.

Lorfque les chiens feront armés de pierres, on aura foin que les angles en foient arrondis.

Tous ces objets feront partie de l'infpection que tout Commandant doit faire de fa Troupe, avant de fortir du quartier.

ARTICLE 2.

De la Marche.

LE troifième Sergent de chaque Compagnie fe placera à la droite ou à la gauche du premier rang, ayant der-rière lui au troifième rang le premier Sergent dans les pelotons de gauche qui doivent marcher avec la tête à droite ; le fecond Sergent, dans les pelotons de droite qui doivent marcher avec la tête à gauche, fuivant la pofi-tion que doivent avoir les Compagnies dans le bataillon.

Au commandement *en avant*, le troifième Sergent fe

portera

portera quatre pas en avant pour figurer les drapeaux, & fera remplacé au premier rang par le Sergent qu'il aura derrière lui, & qui repréſentera alors le centre du bataillon.

Le Commandant indiquera ſur le prolongement des deux têtes de ces Sergens, le point de vue qui devra ſervir de direction dans la marche.

Le Sergent du premier rang maintiendra le troiſième Sergent dans le point de vue.

Au commandement *marche*, le peloton ſe portera en avant, en tournant la tête à gauche, ſi c'eſt un des pelotons du demi-rang de droite du bataillon, & en ſe conformant exactement à la direction & à l'alignement du Sergent repréſentant le centre.

Attentions des Chefs de peloton dans la marche en avant.

Le Chef de peloton doit avoir attention que le point de vue qu'il aura indiqué ſoit continuellement obſervé ; que le Sergent qui eſt au premier rang y maintienne celui qui eſt en avant.

Que la totalité du rang pouſſe le corps en avant; que les épaules ne tournent ni à droite ni à gauche ; que les files ſoient jointes bras à bras, ſans ſerrer; que les derniers rangs conſervent toujours la diſtance d'un pied, qui doit les ſéparer de leurs Chefs de file; que le pas ſoit conſtamment de la longueur & de la viteſſe ordonnées.

Si, dans un terrain difficile, le Soldat perd le pas, il doit le reprendre ſur le champ, & ne point perdre de vue celui qui le marque.

Le Chef de peloton doit ſe porter par-tout, aux ailes, au centre ; marquer le pas lui-même de temps en temps.

Il fera reſter ſa Troupe en mouvement, ſans avancer, par le commandement *marquez === le pas ;* il le fera quelquefois raccourcir, fouvent alonger ; exigera alors que le corps fe porte encore plus décidément en avant.

Il remédiera aux plus petits défauts dans l'alignement, & fera tous fes commandemens d'un ton ferme, bref, & de toute l'étendue de fa voix.

Attentions dans la marche oblique.

Il déterminera lui-même l'obliquité de la marche, exigera que le peloton entier appuie en même temps à droite ou à gauche, que les épaules reftent quarrément.

Il prendra garde fur-tout que l'épaule oppofée au côté vers lequel on appuie, n'avance hors du rang ; que les files reftent jointes bras à bras du côté de l'alignement.

Il fera quitter le point de vue aux Sergens qui figurent les drapeaux, dès que la marche oblique commencera ; & en indiquera un autre, dès qu'il fera le commandement *en avant* ═ *marche.*

Il fera ouvrir quelquefois les rangs, en marchant à deux pas de diftance, comme il eft détaillé au titre 5, article 2, pour examiner plus en détail les pofitions.

Les Lieutenant & Sous-lieutenant fe porteront alors à la droite ou à la gauche des deuxième & troifième rangs.

Les Sergens rentreront en ferre-files, à l'exception du premier Sergent, qui reftera à la droite du premier rang.

Si, en marchant à rangs ouverts, il veut faire exécuter des mouvemens de converfion, il commandera : *par pe-loton* ═ *à droite,* ou *à gauche.* A ce commandement, les rangs ferreront avec la plus grande vivacité ; dès qu'ils feront ferrés, il commandera : *marche.*

Le peloton tournera, au pas redoublé, la tête vers l'aile qui marche, le rang aligné à tous les inftans de la converfion, que le Commandant n'arrêtera que lorfqu'il le jugera à propos.

Voulant arrêter la converfion, il commandera *halte* & *marche.* A ce dernier commandement, les deuxième &

troisième rangs ouvriront leurs rangs, ainsi qu'il est expliqué au titre 5, article 2.

Mais si la tête doit tourner à gauche, après avoir arrêté le mouvement de conversion, il commandera: *marche, tête à gauche.*

Il fera marcher tous les différens pas, ainsi qu'il a été prescrit au titre 3, articles 3 & 4.

Attentions dans la marche de flanc.

Il observera qu'elle s'exécute au pas ordinaire & au pas redoublé ; que toutes les files partent en même temps, en poussant le corps en avant, au commandement *marche*, & que chaque homme conserve toujours cette impulsion: il ne souffrira point d'alongement entre les files ; il observera que la première file soit toujours conduite par un Officier ou Sergent placé à côté d'elle.

Il fera marcher alternativement par le flanc droit & par le flanc gauche.

Attentions dans les mouvemens de conversion par files.

Il observera que la première file suive exactement l'Officier placé à côté d'elle ; que chaque file tourne sans arrêter.

On fera exécuter au peloton le passage de l'obstacle, en se conformant, pour les commandemens & l'exécution, à ce qui sera prescrit au titre 10 de la *Marche en bataille,* article 3.

Lorsque les Compagnies auront été suffisamment exercées séparément, on réunira les deux pelotons d'une même division, qui seront commandés par le Chef de division, & exercés ensemble à la marche de front.

Cette division se rompra aussi à droite ou à gauche par peloton, & se reformera par les mouvemens contraires.

Lorsque ces deux pelotons marcheront en colonne

l'un derrière l'autre, & que l'Officier du peloton qui aura la tête, marchera fur un point de vue indiqué, l'Officier du fecond peloton, placé, ainfi que celui du premier, au pivot par lequel on devra fe reformer, maintiendra l'Officier du premier fur le point de vue.

Lorfque deux ou un plus grand nombre de pelotons marchant l'un derrière l'autre, devront faire des mouvemens de converfion fucceffivement fur le terrain du premier peloton, ces mouvemens de converfion s'éxécuteront toujours au *pas redoublé*, la tête de la colonne marchant le *pas ordinaire*.

La converfion étant faite, le Chef de peloton commandera *halte*, & portera la plus grande attention à commander *marche*, au moment où il aura fa diftance, pour reprendre exactement le pas du peloton qui le précède.

Dans le cas où une colonne fera forcée de marcher le *pas redoublé*, en changeant de direction à droite ou à gauche, le peloton de la tête & fucceffivement tous les autres fe conformeront à ce qui fera prefcrit au titre 16 de la *Marche de route*, article 1.

Inftruction particulière pour les Chefs de bataillon, Capitaines de Grenadiers & premiers Chefs de divifion.

Le Soldat ayant fucceffivement paffé par tous les détails de l'inftruction, les Capitaines de Grenadiers, les Chefs de divifion & les Chefs de peloton étant fuffifamment inftruits de tout ce que peut exécuter feparément une divifion ou un peloton, pour former les Chefs de bataillon, les Capitaines de Grenadiers, & les Chefs de divifion qui, par leur ancienneté, font dans le cas de remplacer les Chefs de bataillon, pour préparer les autres Capitaines au commandement d'une divifion & les Lieutenans & Sous-lieutenans au commandement d'un peloton, pour accoutumer les Soldats à marcher fur un plus grand front, & faire connoître aux uns & aux autres le méchanifme

des

des mouvemens & les différentes divisions d'un bataillon, enfin pour mettre chacun des Officiers en état de remplir les fonctions de son grade, & celles du grade auquel il est destiné, on prendra deux divisions ; on les divisera en huit pelotons sur un ou deux rangs, suivant la force des Compagnies, de manière qu'il n'y ait pas moins de dix ou douze hommes de front par peloton : chacun de ces demi-rangs représentant un bataillon, sera exercé séparément par un Chef de bataillon, un Capitaine de Grenadiers, ou le plus ancien Chef de division nommé alternativement par le Commandant du Régiment. La moitié de la compagnie de Grenadiers fera nombre à la droite du premier demi-rang, & la seconde moitié à la droite du second demi-rang ; le demi-rang ne formant cependant que huit pelotons.

On attachera à chacun des huit pelotons un Chef & un Serre-file ; on formera au centre un peloton de drapeaux, composé de deux Porte-drapeaux ou Bas-officiers les représentant, & de six Bas-officiers sur deux rangs ; on y attachera un Aide-major ou un Sous aide-major, & le bataillon sera exercé séparément par son Chef, sous les yeux d'un Officier supérieur, à tout ce qui sera prescrit ci-après aux titres *de la Marche en bataille, des Manœuvres & des Feux.*

Pour former ensuite les Officiers supérieurs, Chefs de bataillon & Capitaines de Grenadiers à commander un bataillon dans la ligne, on réunira quatre de ces demi-rangs, mais jamais un plus grand nombre ; ils représenteront alors quatre bataillons, & seront commandés par un Officier supérieur qui fera les fonctions de Commandant de ligne. On leur fera exécuter toutes les manœuvres prescrites par la présente Instruction.

On réunira ensuite chaque bataillon dans sa formation habituelle ; il sera alors dressé & instruit par le Chef de bataillon ou par l'Officier désigné, pour le suppléer, par le Commandant du Régiment.

N

TITRE V.

Manœuvres de détail.

ARTICLE PREMIER.

Former la Compagnie, & border la haie.

LA Compagnie étant en haie par rang de taille de droite à gauche, on divisera le rang en trois parties égales : celle de la droite formera e premier rang ; celle du centre, le troisième, & celle de la gauche, le deuxième.

On commandera ensuite :

1.

A droite & à gauche = formez la Compagnie.

2.

Marche.

3.

Front.

4.

Alignement.

Au premier commandement, le premier rang fera *à gauche*, le second *à droite*, & le troisième ne bougera.

Au second commandement, le troisième rang ne bougera ; le second rang viendra, par le *pas de flanc*, se placer immédiatement devant le troisième, & le premier devant le deuxième.

Au troisième commandement, les deux premiers rangs feront *front.*

Au quatrième commandement, on s'alignera à droite.

Pour se mettre en haie, on commandera :

1.

A droite & à gauche = bordez la haie.

2.

Marche.

3.

Halte.

4.

Front.

5.

Alignement.

Au premier commandement, les deux premiers rangs feront : le premier, *à droite*; le fecond, *à gauche* : le troifième ne bougera pas.

Au deuxième commandement, les deux premiers rangs marcheront le *pas de flanc.*

Au troifième commandement, ils s'arrêteront.

Au quatrième, ils feront *front.*

Au cinquième, ils s'aligneront à droite.

ARTICLE 2.

Ouvrir & ferrer les rangs de pied ferme & en marchant.

LA diftance des rangs ouverts de pied ferme, fera de quatre pas ; la diftance des rangs ouverts en marchant, fera de deux pas.

Lorfqu'un Régiment étant en bataille fur trois rangs ferrés, on voudra les faire ouvrir, on commandera :

1.

En arrière = ouvrez vos rangs.

2.

Marche.

Au premier commandement , l'homme de la droite du fecond & du troifième rang reculera l'un à quatre, l'autre à huit pas de deux pieds, pour régler la diftance des rangs.

Au fecond commandement, le premier rang ne bougera pas ; le deuxième & le troifième fe reculeront brufquement en arrière & fans compter les pas, pour s'aligner fur l'homme placé à la droite de leur rang.

Pour ferrer les rangs, on commandera :

1.

Serrez vos rangs.

2.

Marche.

Au fecond commandement, le premier rang ne bougera pas, & les deux derniers rangs ferreront brufquement fur le premier.

Soit en ouvrant les rangs, foit en les ferrant, tous les Officiers, les Fourriers & les Sergens fuivront toujours le mouvement de la Troupe.

Pour ouvrir & ferrer les rangs en marchant.

On commandera :

Ouvrez vos rangs = marche.

A ce commandement, le premier rang continuera de marcher ; les fecond & troifième rangs s'arrêteront en marquant le pas.

Au troifième pas du premier rang, le deuxième rang marchera en avant ; & au troifième pas du deuxième rang, le troifième rang fera de même.

Pour ferrer les rangs en marchant.

On commandera :

Serrez vos rangs = marche.

A ce commandement, les deux derniers rangs prendront le pas redoublé pour ferrer fur le premier, & chaque rang prendra le pas ordinaire auffitôt qu'il fera ferré.

ARTICLE 3.

De la Contre-marche.

ELLE s'exécutera toujours par la droite, & en paffant derrière le troifième rang.

On

ON commandera :

1.

Contre-marche.

2.

A droite.

3.

Marche.

Au premier commandement, le Serre-file le plus près de la gauche se placera à côté de l'homme de la gauche du dernier rang, pour marquer la place que doit venir occuper l'homme de droite.

Au second commandement, tout le peloton fera *à droite.*

Au troisième commandement, la première file devenue *rang*, fera la *demi-converſion à droite* : toutes les autres viendront paſſer ſur le terrain qu'occupoit la première. La droite étant arrivée au point qu'occupoit la gauche, on commandera, *halte, front, alignement,* ou *à gauche = alignement*, pour faire face par le premier rang ; & le Serre-file retournera à ſa place.

ARTICLE 4.

Rompre & former le peloton en marchant.

POUR rompre le peloton, on commandera :

1.

En avant, rompez le peloton.

2.

Marche.

Au deuxième commandement, la deuxième ſection marquera le pas ; la première marchera obliquement *à gauche*, pour paſſer devant la deuxième, qui marchera obliquement *à droite*, pour ſe mettre derrière la première. Les files des ailes étant dans la même direction, on commandera, *en avant = marche.*

Pour former le peloton, on commandera :

1.

Formez le peloton.

2.

Marche.

Au second commandement, la première section marchera obliquement *à droite* ; la seconde, obliquement *à gauche*. Dès que la seconde sera démasquée par la première, le Chef de peloton commandera à la première, *en avant* = *marche*, en même temps qu'un Officier de serre-file commandera à la seconde, *pas redoublé* = *marche*, pour la porter à côté de la première, & en reprendre le pas au commandement du Chef de peloton.

Dans ces exemples, on suppose un peloton faisant partie d'une colonne qui a sa droite en tête.

Un peloton faisant partie d'une colonne ayant sa gauche en tête, exécuteroit les mêmes mouvemens ; mais en rompant le peloton, la deuxième section passeroit devant la première, & en formant le peloton, la première seroit démasquée par la deuxième.

Une division qui devroit se rompre ou se former, exécuteroit par peloton ce qui vient d'être prescrit par section.

ARTICLE 5.

Doublement des files pour marcher en route par le flanc à six de front.

CE mouvement s'exécutera par la *droite* ou par la *gauche*.

Pour doubler par la *droite*, on commandera :

1.

Bataillon = *à droite*.

2.

Secondes sections, doublez les files.

3.

Marche.

Au premier commandement, tout le bataillon fera *à droite*.

Au second commandement, les premières files des secondes sections se déboîteront *à droite*.

Au troisième, elles doubleront sur la droite des premières qui n'auront pas bougé : tous les Officiers & Bas-officiers de

ferre-files fe placeront alors fur le flanc droit des fecondes
fections ; les Chefs de peloton fur le flanc gauche des
premières.

Ce premier mouvement exécuté, on commandera :

1.

Prenez vos diflances.

2.

Marche.

Au fecond commandement, tout le bataillon marquera le
pas ; mais les premières files devenues rangs dans chaque peloton, prendront le pas ordinaire, pour que les autres rangs
puiflent prendre fucceflivement un pas de diftance entr'eux,
& que la colonne ne s'alonge pas.

Si on veut faire ce mouvement par la gauche, les premières
fections doubleront fur la droite des fecondes.

Pour fe remettre en bataille, on commandera :

1.

Bataillon = halte.

2.

En avant & en arrière, ferrez les files.

3.

Marche.

4.

Front.

5.

*Alignement, à gauche = alignement, ou fur le
centre = alignement.*

Au premier commandement, tout le bataillon s'arrêtera.

Au troifième commandement, fi on a marché par la
droite, toutes les files des premières fections ferreront au pas
redoublé en avant, & toutes les files des fecondes fections
ferreront vivement en arrière.

Si on a marché par la gauche, les fecondes fections ferreront en avant, & les premières en arrière.

Au quatrième commandement, tout le bataillon fera face en tête.

Au cinquième commandement, les secondes sections marcheront vivement en avant , pour s'aligner à droite ou à gauche , ou sur le centre, sur les premières sections.

T I T R E   V I.

De la Formation.

A R T I C L E   P R E M I E R.

Formation des Régimens en bataille.

Planche I.
Fig. 1.   **L**ES bataillons seront rangés de droite à gauche, dans l'ordre ci-après :

Premier.

Deuxième.

Troisième.

Et quatrième.

Ils seront toujours formés sur trois rangs.

L'intervalle entre les bataillons, soit de pied ferme , soit en marchant, sera de six toises.

La distance entre les rangs sera d'un pied , mesuré de la poitrine de l'homme du second & du troisième rang au dos de son Chef de file.

Les files seront jointes bras à bras.

Subdivision du bataillon.

Un bataillon , deux demi - rangs, quatre divisions , huit compagnies appellées *pelotons*.

Le demi-rang de droite sera composé de la première & de la deuxième division.

Le demi-rang de gauche, de la troisième & de la quatrième division.

Dans les Régimens de deux bataillons, la première

division

division sera composée, dans le premier bataillon, de la Compagnie Colonelle, & de celle du premier Factionnaire, qui seront appellées *premier & second pelotons.* La deuxième division, de celle du deuxième Factionnaire, & de celle du cinquième, qui seront appellées *troisième & quatrième pelotons.* La troisième division, de celle du troisième Factionnaire, & de celle du sixième, appellées *cinquième & sixième pelotons.* La quatrième division, de celle du quatrième Factionnaire, & de celle du premier Chef de bataillon, appellées *septième & huitième pelotons.*

Dans le deuxième bataillon, la Compagnie du Lieutenant-colonel occupera la place prescrite à la Compagnie Colonelle dans le premier, & les autres Compagnies seront rangées dans le même ordre qu'au premier.

Dans les Régimens de quatre bataillons, les deux premiers bataillons seront formés dans l'ordre ci-dessus. Dans les troisième & quatrième bataillons, la première division sera composée de la Compagnie du Chef de bataillon, & de celle du premier Factionnaire, appellées *premier & second pelotons.* La seconde division, de celle du second Factionnaire, & de celle du cinquième, appellées *troisième & quatrième pelotons.* La troisième division, de celle du troisième Factionnaire, & de celle du sixième, appellées *cinquième & sixième pelotons.* La quatrième division, de celle du quatrième Factionnaire, & de celle du septième, appellées *septième & huitième pelotons.*

Les Compagnies de Grenadiers seront distribuées dans l'ordre ci-après : savoir ; la première au premier bataillon, la seconde au deuxième bataillon ; ainsi des autres Compagnies de Grenadiers.

ARTICLE 2.

Formation des Compagnies , & position de celles de Grenadiers.

LES Compagnies de Fusiliers seront formées par rangs de taille de droite à gauche.   P

Chaque peloton fera divifé en deux fections ; la feconde fection fera marquée par un Caporal placé au premier rang d'une file pleine, à la droite de la deuxième fection.

Les Compagnies de Grenadiers feront formées par rangs de taille de droite à gauche, & divifées en deux fections, comme les Compagnies de Fufiliers; elles feront placées à la droite, dans les bataillons impairs ; à la gauche, dans les bataillons pairs.

Les Caporaux de Grenadiers & de Fufiliers feront également placés par rangs de taille entr'eux, mais aux droites & aux gauches des pelotons, & de préférence au premier & au troifième rang.

ARTICLE 3.

Places des Officiers fupérieurs, des Chefs de bataillon, & de l'État-major.

PLANCHE I.
Fig. 1. LORSQUE le Régiment fera en bataille, le Colonel ou le Commandant du Régiment fera à cheval derrière le centre du premier bataillon.

Dans une attaque de pofte, ou quelque autre occafion de guerre où le terrain ne permettroit pas de combattre à cheval, il fe placera à pied au bataillon qui aura la tête de l'attaque, à la droite du Chef de ce bataillon.

Le Lieutenant-colonel & le Major feront à cheval ; le Lieutenant-colonel derrière le centre du dernier bataillon ; le Major à la gauche du Colonel. Ils fe mettront à pied, à la tête d'un bataillon pour le commander, lorfque le Commandant du Régiment le leur ordonnera, & s'y placeront à la droite du Chef de bataillon.

Dans les Régimens de deux bataillons, le premier Chef de bataillon commandera le premier bataillon, & le fecond Chef de bataillon commandera le fecond bataillon ;

& dans les Régimens de quatre bataillons , le troifiéme Chef de bataillon commandera le troifième bataillon , & le quatrième Chef de bataillon commandera le quatrième bataillon.

Les Chefs de bataillon feront à pied, huit pas en avant du premier rang , au centre de leur bataillon, lorfqu'il fera en bataille de pied ferme, ou lorfqu'il marchera en ligne. Dans tous les autres cas , ils pourront monter à cheval pour fe porter plus promptement où leur préfence fera indiquée dans les manœuvres.

L'Aide - major fera placé derrière le centre du bataillon , fix pas en arrière des Serre-files : le Sous - aide-major derrière la droite , fix pas en arrière des Serre-files.

A R T I C L E 4.

Places des Officiers & Sergens , dans les Compagnies de Fufiliers.

Le Capitaine, à la droite du premier rang, ayant derrière lui, au troifième rang, le premier Sergent ; le Lieutenant, à deux pas en arrière du dernier rang , vis-à-vis la feconde file droite de la première feĉion ; le Fourrier, derrière la feconde file gauche de la première feĉion ; le fecond Sergent, vis-à-vis la feconde file droite de la feconde feĉion ; le Sous-lieutenant, vis-à-vis la feconde file gauche de la feconde feĉion.

Planche I. Fig. 2.

Dans les huitièmes pelotons de chaque bataillon, le Capitaine fera à la gauche du premier rang , ayant derrière lui , au troifième rang , le premier Sergent ; le Sous-lieutenant, à la droite du premier rang ; le fecond Sergent, placé derrière lui , au troifième rang ; le Fourrier, en ferre - file , vis-à-vis la feconde file droite de la première feĉion ; le Lieutenant, auffi en ferre-file, vis-à-vis la deuxième file gauche de la deuxième feĉion. Deux Caporaux, tirés du huitième peloton , compléteront les quatre Serre-files de ce peloton.

Places des Officiers & Sergens des Compagnies de Grenadiers.

Dans les bataillons qui ont leurs Compagnies de Grenadiers à leur droite, le Capitaine fera à la droite du premier rang, ayant derrière lui, au troisième rang, le premier Sergent ; le Lieutenant, en ferre-file, derrière la feconde file droite de la première feétion ; le Fourrier, derrière la feconde file gauche de cette feétion ; le Sous-Lieutenant, vis-à-vis la feconde file gauche de la deuxième feétion ; le fecond Sergent, vis-à-vis la feconde file droite de cette feétion. Dans les bataillons qui ont leurs Grenadiers à leur gauche, le Capitaine fera à la gauche du premier rang, ayant derrière lui, au troifième rang, le premier Sergent ; le Lieutenant, en ferre-file, derrière la feconde file gauche de la deuxième feétion ; le Sous-lieutenant, derrière la feconde file droite de la première fection ; le Fourrier, à la droite du Lieutenant ; le fecond Sergent, à la gauche du Sous-lieutenant.

Le Capitaine titulaire de Grenadiers ne quittera point fa Compagnie pour remplacer le Chef de bataillon.

Dans les Compagnies de Fufiliers, les places des Officiers qui manqueront, feront remplies : favoir ; celle du Capitaine, par le Lieutenant ; celle du Lieutenant, par le Sous-lieutenant ; celle du Sous-lieutenant, par le Fourrier ou le plus ancien Sergent ; celle du Porte-drapeau, par un Fourrier ; celles des Sergens, par des Caporaux ; les Caporaux remplaceront les Sergens de Serre-files : lorfque les pelotons ne feront que de douze files & au deffous, on ne remplacera pas les Serre-files manquants : on les égalifera à trois par peloton fur tout le bataillon ; mais il n'y en aura jamais moins de deux par peloton.

Art·

ARTICLE 5.

Composition & formation du Peloton des Drapeaux.   Planche I.
Fig. 1.

Les deux Officiers Porte-drapeaux, avec les huit troiſièmes Sergens de chaque Compagnie de Fuſiliers, compoſeront le peloton des drapeaux.

Les deux Officiers Porte-drapeaux ſeront placés au centre du premier rang, un Sergent à la droite, & un Sergent à la gauche : au deuxième rang, quatre Sergens; au troiſième rang, un Sergent derrière la file droite, & un Sergent derrière la file gauche.

La poſition du peloton des drapeaux dans chaque bataillon, ſera entre le quatrième & le cinquième peloton, qui ſeront chacun moins forts de deux files de Fuſiliers, que les autres pelotons.

Les trois files de gauche du quatrième peloton, & les trois files de droite du cinquième peloton, ſeront compoſées des Soldats les mieux dreſſés de chacun de ces pelotons.

Le Chef du cinquième peloton ſera placé à la gauche des trois files de ſon peloton, qui joignent les drapeaux.

Les quatre files compoſées des Porte-drapeaux & troiſièmes Sergens, ſe rompront toujours : ſavoir, deux files avec le quatrième peloton, & deux avec le cinquième.

ARTICLE 6.

Place des Tambours.   Planche I.
Fig. 1.

Les Tambours ſeront à quinze pas derrière les Serre-files, ſur deux rangs derrière le quatrième peloton.

Les Muſiciens ſeront avec ceux du premier bataillon.

ARTICLE 7.

Formation en parade.   Planche I.
Fig. 2.

Le Régiment ſera en bataille ſur trois rangs ouverts à quatre pas de diſtance.

Q

Tous les Officiers & Porte-drapeaux , à quatre pas en avant du premier rang , alignés à droite , ainsi que les trois rangs. Le Capitaine, au centre de la Compagnie ; le Lieutenant, vis-à-vis le centre de la première section ; le Sous - lieutenant, vis-à-vis le centre de la seconde section; les Porte-drapeaux, entre les Officiers du quatrième & cinquième peloton, & sur le même alignement : les Sergens qui, dans la formation en bataille, sont au troisième rang derrière le Capitaine, le remplaceront au premier rang.

Les troisièmes Sergens de chaque Compagnie, qui , dans la formation en bataille, sont au peloton des drapeaux, se formeront sur deux rangs : savoir; quatre Sergens au premier rang , & quatre au troisième.

Le Colonel ou le Commandant du Régiment se placera à dix pas en avant du centre du premier bataillon. Le Major ira au devant de la personne à qui on devra rendre des honneurs, & reviendra se placer à la gauche du Colonel, pour les rendre.

Le Lieutenant-colonel se placera à dix pas en avant du centre du dernier bataillon.

Les Chefs de bataillon seront à deux pas en avant des drapeaux de leur bataillon.

Chaque Aide-major à la droite de son bataillon, le Sous-aide-major à la gauche ; tous deux sur l'alignement du premier rang , entre l'homme de droite ou de gauche & les Tambours.

Les Tambours & Musiciens, sur deux rangs, à la droite de leur bataillon, alignés avec les deux premiers rangs.

Le Tambour-major, à deux pas en avant du premier rang des Tambours du premier bataillon.

Les Officiers seront reposés sur leurs armes, dans la position prescrite, titre 2, article 2.

Les Sergens & Soldats porteront les armes, & les Tambours se tiendront prêts à battre.

Lorsque la personne qu'on devra recevoir se sera approchée, & qu'elle se présentera pour parcourir le front du Régiment, si les Officiers doivent saluer, les Tambours battront, les Soldats présenteront les armes; les Officiers & les Porte-drapeaux salueront par Compagnie, à mesure que ladite personne passera devant eux.

ARTICLE 8.

De la manière de défiler dans les revues d'honneur.

LORSQUE le Régiment devra défiler en parade, on fera serrer les rangs, & rompre à droite par peloton ou division, les Officiers de chaque Compagnie gardant en avant des pelotons ou divisions, les places qu'ils occupoient en parade de pied ferme.

Les Porte-drapeaux se placeront en avant du cinquième peloton, sur l'alignement des Officiers, à la droite & à la gauche du Capitaine.

Trois des quatre Sergens des drapeaux qui sont à la gauche du quatrième peloton, & trois des quatre autres qui sont à la droite du cinquième peloton, formeront une file pleine; le quatrième se placera sur l'alignement du premier rang.

Le Tambour-major & les Tambours du premier bataillon se placeront à quatre pas en avant du Capitaine de Grenadiers : les Tambours des autres bataillons seront placés de même à la tête de leur bataillon.

Le Colonel ou le Commandant du Régiment, à cheval, se placera à la tête du premier peloton ou de la première division du premier bataillon, à quatre pas en avant des Officiers.

Le Lieutenant-colonel, à cheval de même, à quatre pas en avant des Officiers du premier peloton, ou de la première division du dernier bataillon.

Le Major, à cheval, à la tête du premier peloton ou

de la première division du premier bataillon, à la gauche du Commandant du Régiment.

Le Chef de chaque bataillon défilera à la tête du cinquième peloton de son bataillon, à deux pas en avant des Officiers de ce peloton.

L'Aide-major du premier bataillon se mettra à la tête de la première Compagnie de Grenadiers, à quatre pas en avant du Tambour-major; & les Aides-major des autres bataillons, à quatre pas en avant des Tambours de leur bataillon.

Les Sous-aides-major se tiendront sur les ailes de leur bataillon, pour le faire défiler dans le plus grand ordre; & lesdits Sous-aides-major défileront à deux pas en arrière des Serre-files du dernier peloton, ou de la dernière division de leur bataillon.

Le Sous-aide-major du dernier bataillon du Régiment défilera à la queue du tout, avec le Quartier-maître.

Au commandement *marche*, tous les Officiers & les premiers rangs des divisions ou pelotons s'ébranleront; les deuxièmes & troisièmes rangs les suivront, en prenant deux pas de distance d'un rang à l'autre.

On observera que les files des ailes soient alignées sur le côté où sera la personne devant laquelle on devra défiler.

En approchant de la personne que l'on devra saluer, on se conformera à ce qui a été prescrit pour le *salut*, au titre 2, articles 4 & 6.

TITRE

TITRE VII.

De la marche des Compagnies au lieu de l'assemblée de leur bataillon, & de leur arrivée sur le terrain d'exercice.

ARTICLE PREMIER.

De l'Assemblée des Compagnies au quartier.

LORSQUE toute la garnison d'une place ou d'un quartier devra prendre les armes, tous les Tambours battront la générale; mais s'il n'y a qu'un Régiment ou qu'un bataillon qui doive prendre les armes, les Tambours du régiment, ou bataillon, rappelleront devant leur quartier.

A ce signal, chaque Caporal fera sortir le plus promptement possible les Soldats de sa chambrée, qu'il conduira au rendez-vous de la Compagnie, où se trouveront les Sergens & le Fourrier, pour former la Compagnie à rangs ouverts, & suivant leur rang de taille; les Soldats reposés sur les armes, & en faire l'appel.

Les Officiers se trouveront en même temps au rendez-vous de leur Compagnie.

Le Commandant de la Compagnie, après s'être fait rendre compte s'il n'y manque personne, en fera l'inspection, & se fera aider, s'il le juge à propos, par le Lieutenant & le Sous-lieutenant, qui se chargeront chacun d'un rang, pour examiner s'il ne manque rien à l'équipement, à l'habillement & à l'armement : s'ils trouvent quelque chose qui ne soit pas en ordre, ils puniront les Bas-officiers, qui doivent répondre à toute heure des escouades qui leur sont confiées, & en avoir fait l'inspection dans la chambre.

Les Aides-major & Sous-aides-major s'y rendront à la même heure.

R

L'infpection étant faite , le Capitaine fera *porter les armes*, *ferrer les rangs* , *porter l'arme au bras* , & il conduira la Compagnie au rendez-vous du bataillon , dans l'ordre fuivant :

> Le Capitaine à deux pas en avant du centre de la Compagnie ; les autres Officiers, Fourriers & Sergens, à leurs places de bataille ; le troifième Sergent fe placera en ferre-file entre le Sous-lieutenant & le deuxième Sergent.

Si la Compagnie ne peut marcher de front, elle marchera par fon flanc.

Lorfque les Compagnies approcheront du lieu d'affemblée de leur bataillon, les Capitaines leur feront *porter les armes* pour les conduire & les former fur le terrain qu'elles devront occuper : à mefure qu'elles arriveront, chaque Capitaine commandera :

1.

Halte.

2.

En arrière = ouvrez vos rangs.

3.

Marche.

Au premier commandement, la Compagnie s'arrêtera.

Au deuxième commandement, l'homme de l'aile du fecond & du troifième rang exécutera ce qui eft prefcrit au titre 5, article 2, pour ouvrir les rangs.

Au troifième commandement, les feconds & troifièmes rangs ouvriront légèrement les rangs en arrière, comme il a été expliqué au titre 5, article 2. Le Capitaine alignera le premier rang ; le Lieutenant, le troifième ; & le Sous-lieutenant, le deuxième ; & chacun après avoir aligné fon rang parallèlement au premier , fe portera à fa place de parade.

A mefure que les Compagnies arriveront, le Sous-aide-major comptera les files, & auffitôt après il divifera le bataillon en huit pelotons , obfervant de laiffer la place des drapeaux entre les quatrième & cinquième pelotons.

Les troisièmes Sergens de chaque Compagnie, dans le moment où le Sous-aide-major divisera le bataillon, passeront parderrière le bataillon, & viendront occuper la place destinée aux drapeaux.

Le Commandant & les autres Officiers supérieurs du Corps se trouveront au lieu de l'assemblée, à l'arrivée des Compagnies ; ils feront une inspection générale, s'ils le jugent à propos.

A r t i c l e 2.

Du Détachement qui devra aller chercher les Drapeaux.

Lorsque les Compagnies se mettront en marche pour se rendre au lieu de l'assemblée de leur bataillon, on enverra chercher les drapeaux.

Composition du Détachement qui ira chercher les Drapeaux.

Le Tambour-major & les Musiciens ; tous les Tambours, excepté deux par bataillon ; une Compagnie de Grenadiers ; un Officier-major ; les Porte-drapeaux.

Formation du Détachement pour les Drapeaux.

La Compagnie de Grenadiers, rompue par sections, le Capitaine à la tête, deux pas en avant ; les Porte-drapeaux, deux pas en avant du Capitaine de Grenadiers (sur un rang, dans les Régimens de deux bataillons), (sur deux rangs, dans les Régimens de quatre) ; les Tambours, deux pas en avant des Porte-drapeaux, sur deux rangs par bataillon, le Tambour-major à leur tête, l'Officier-major en avant du Tambour-major.

Marche du Détachement.

Le détachement marchera dans cet ordre, l'arme au bras, sans bruit de caisse.

Arrivés au lieu où seront les drapeaux, les Tambours

fe placeront fur la droite ou fur la gauche de l'entrée, démafqueront la Compagnie de Grenadiers, que le Capitaine rangera en bataille devant la porte, après avoir fait *porter les armes.*

L'Officier-major, les Porte-drapeaux & les Sergens de Grenadiers iront chercher les drapeaux.

Lorfqu'enfuite les Porte-drapeaux fortiront avec les drapeaux, ils s'aligneront en dehors de la porte, & s'arrêteront un moment vis-à-vis la Compagnie de Grenadiers, à laquelle le Capitaine fera *préfenter les armes ;* les **Tambours** battront *au drapeau.*

Le Capitaine fera enfuite ceffer de battre, fera *porter les armes,* & fera rompre fa Compagnie par feétion.

Les Porte-drapeaux iront fe placer fur un rang dans les Régimens de deux bataillons, fur deux rangs dans les Régimens de quatre bataillons, entre la première & **la** feconde feétion, dans le même ordre que ces bataillons feront formés.

L'Officier-major & les Tambours s'étant placés à **la** tête des Grenadiers, le Capitaine commandera *marche.* A ce commandement, les Tambours battront *au drapeau* jufqu'au lieu où fera affemblé le Régiment, ou le bataillon, en obfervant que, lorfqu'on prendra les armes **de** grand matin, on ne battra *au drapeau* qu'au moment où ils paroîtront, & lorfqu'ils arriveront fur le terrain **du** Régiment.

Si le Régiment eft de plufieurs bataillons, les Compagnies de Grenadiers iront alternativement chercher les drapeaux, & à leur défaut le premier peloton de chaque bataillon.

ARTICLE 3.

De l'arrivée des Drapeaux à la tête du Régiment.

A l'arrivée des drapeaux, le Chef de bataillon fera les commandemens pour *porter les armes.*

Lorfque

Lorsque les drapeaux ne seront plus qu'à vingt pas de la droite ou de la gauche de la Troupe, selon le côté par lequel ils viendront, le Chef de bataillon commandera :

Présentez = vos armes.

A ce commandement, le bataillon *présentera les armes.*

Les Porte-drapeaux fileront ensuite seuls devant le front du bataillon, à huit pas du rang des Officiers.

A mesure que les drapeaux passeront devant le centre de leur bataillon, ils s'arrêteront, lui feront face : aussitôt ils seront salués par tous les Officiers du bataillon au signal de l'Officier de droite, qui se portera quatre pas en avant.

Les Porte-drapeaux iront ensuite à leurs places de *parade*, entre le Sous-lieutenant du quatrième peloton & le Lieutenant du cinquième. Ils feront brusquement *demi-tour à droite*, en arrivant sur l'alignement des Officiers.

La Compagnie de Grenadiers & les Tambours qui auront escorté les drapeaux, iront au pas redoublé prendre leur poste dans leur bataillon, en passant derrière la Troupe.

A mesure que les drapeaux seront arrivés à leur bataillon, le Chef de bataillon commandera :

Portez = vos armes.

Le bataillon portera les armes, & aussitôt après le Chef du bataillon commandera :

1.

Serrez = vos rangs.

2.

Marche.

Au premier commandement, les Officiers rapprocheront l'arme du pied, descendront la main droite, pour saisir l'arme & la porter tout de suite dans le bras droit, comme il a été dit, titre 2, article 4.

Au second commandement, les Officiers feront *demi-tour*

S

à droite, pour aller promptement occuper leurs places de bataille. Les Officiers de ferre-file paſſeront par les droites & gauches des pelotons : les rangs ſe ſerreront avec la plus grande vivacité.

Les Porte-drapeaux porteront le drapeau au bras droit.

On renverra les drapeaux dans le même ordre & avec la même eſcorte qui a été les chercher.

TITRE VIII.

De la Marche des Troupes en colonne pour ſe rendre à leur terrain d'exercice.

Règles générales.

SI la ligne eſt compoſée de pluſieurs Régimens, le Commandant en chef fera ſeulement au Chef de bataillon d'alignement le premier commandement de la manœuvre, & le dernier, qui doit en déterminer l'exécution.

Si c'eſt un Régiment qui exerce ſeul, le Colonel, ou, en ſon abſence, le Commandant du Régiment, fera tous les commandemens, qui ſeront répétés rapidement par chaque Chef de bataillon, & exécutés dans chaque bataillon au commandement de ſon Chef, à l'exception des cas qui ſeront indiqués ci-après.

Toutes les fois qu'une ligne ſera rompue par peloton ou par diviſion, & qu'elle ſera à diſtance ouverte, les Chefs de peloton ou de diviſion répéteront tous en même temps le commandement *marche ;* ils l'exécuteront, ainſi que leur peloton, à l'inſtant même où ils le commanderont ; ils répéteront également tous les commandemens qui détermineront l'exécution d'un mouvement indiqué par chaque Chef de bataillon.

Toutes les fois que cette colonne devra arrêter, les mêmes Chefs répéteront auſſi le commandement *halte,* pour l'arrêter, & commanderont enſuite *alignement,* ou *à gauche = alignement.*

Au commandement *halte*, fait à une colonne, tous les Chefs de peloton, en le répétant en même temps de la tête à la queue de la colonne, l'exécuteront eux-mêmes, ainsi que leur peloton, fur le terrain fur lequel ils fe trouveront, afin d'accoutumer les Officiers à la plus grande exactitude fur l'obfervation de leur diftance, & juger de ceux qui y auront manqué.

Les Chefs de bataillon & les Chefs de peloton auront attention de prononcer les commandemens de la plus grande étendue de leur voix, & à l'inftant même où le commandement leur parviendra.

Toutes les fois que le commandement général ne pourra être entendu par une ligne ou une colonne, les Chefs de bataillon dans la ligne, les Chefs de peloton dans la colonne, fe conformeront le plus promptement poffible au mouvement qu'ils verront faire à leur droite ou à leur gauche, en avant ou en arrière, fuivant le point d'où partira le mouvement ordonné.

Le Régiment étant en bataille, à rangs ferrés, on commandera : PLANCHE I, *Fig. 3.*

1.

$$Par\ peloton = \begin{cases} à\ droite, \\ ou \\ à\ gauche. \end{cases}$$

2.

Marche.

Au premier commandement, répété par les Chefs de bataillon, chaque Chef de peloton fe portera à deux pas en avant du centre de fon peloton.

Au fecond commandement, répété par les Chefs de bataillon, les pelotons rompront, & chaque peloton étant perpendiculairement fur le terrain qu'il occupoit en bataille, les Chefs de peloton, feulement, commanderont *halte, à gauche* $=$ *alignement*, fi on a rompu à droite ; *halte, alignement*, fi on a rompu à gauche : ce qui fera obfervé toutes les fois qu'on rompra à droite ou à gauche.

Toutes les fois qu'un bataillon ſe rompra par peloton ou par diviſion, le Bas-officier placé à côté du Porte-drapeau, changera de place avec lui, pour que le drapeau ne ſe trouve pas ſur le flanc extérieur de la colonne.

PLANCHE I.
Fig. 4.
    Si le Régiment doit marcher en avant, on commandera :

1.

En avant.

2.

Marche.

Au ſecond commandement, qui ſera répété auſſi avec la plus grande rapidité, de la tête à la queue de la colonne, par chaque Chef de peloton, la colonne entière s'ébranlera en même-temps au pas ordinaire, les pelotons marchant les rangs ſerrés, & les armes portées.

Lorſque le Commandant en chef jugera à propos, il fera *porter l'arme au bras* au peloton de la tête ; ce qui ſera exécuté ſucceſſivement par chaque peloton, au commandement de ſon Chef : les ſecond & troiſième rangs prendront alors un pas de diſtance, & on ſe conformera du reſte à ce qui eſt preſcrit au titre 16 *de la marche d'une colonne en route.*

PLANCHE II.
    Si le terrain ne permet pas de marcher par le front d'un peloton, le Régiment marchera par le flanc. On commandera :

1.

$$Bataillon = \begin{cases} \textit{à droite,} \\ \textit{ou} \\ \textit{à gauche.} \end{cases}$$

2.

En avant = marche.

Au premier commandement, répété par les Chefs de bataillon, le bataillon fera *à droite* ou *à gauche* ; & chaque Chef de peloton ſe portera à deux pas ſur le flanc du Sergent qui le remplace au premier rang ; ce qui ſera obſervé toutes les fois qu'un bataillon ou demi-rang marchera par le flanc.

Au

Au deuxième commandement, répété par les Chefs de bataillon, les neuf Officiers du premier rang, ainſi que le Capitaine de Grenadiers, & tout le bataillon, marcheront au
pas ordinaire.

Les Chefs de peloton & les Serre-files veilleront à ce
que les pelotons ne s'alongent pas, à ce qu'ils conſervent
le même pas que leurs Officiers : ils marcheront eux-
mêmes au pas de l'Officier qui aura la tête de la marche.

Si, en marchant par le flanc, la difficulté du terrain
occaſionnoit quelque alongement, dans ce ſeul cas ſeulement on n'obſerveroit plus l'intervalle des ſix toiſes entre
les bataillons.

Les Tambours marcheront ſur deux rangs le plus ſerrés
poſſible à leurs places ordinaires, ou ſe porteront à la tête
du bataillon, ſi le terrain ne leur permet pas de reſter ſur
le flanc de la marche.

Lorſque la tête du Régiment trouvera le terrain aſſez
ouvert pour marcher par le front d'un peloton, on commandera :

Formez vos pelotons.

A ce commandement, le Chef du premier peloton
commandera :

Formez le peloton ═ marche.

Alors l'homme de droite, ſi on a marché par la droite,
l'homme de gauche, ſi on a marché par la gauche, marchera droit devant lui ſans ralentir ſon pas, pendant
que les autres files ſe porteront ſucceſſivement au pas
redoublé ſur ſon alignement, & en tournant la tête vers
lui, pour prendre le même pas.

Auſſitôt que le peloton ſera formé, le Chef de peloton commandera *tête ═ à gauche*, ſi on a marché par la
droite ; *tête ═ à droite*, ſi on a marché par la gauche.

Chaque peloton ſe formera ainſi ſur le terrain où ſe
ſera formé le premier peloton.

T

T I T R E IX.

Des points de vue, & de l'usage qu'on en doit faire,
de la marche en colonne sur des points de vue donnés,
& des différentes manières de se mettre en bataille.

A R T I C L E P R E M I E R.

Des points de vue, & de l'usage qu'on en doit faire.

LES points de vue sont des objets éloignés & distincts ; choisis par le Commandant en chef, pour déterminer la direction qu'il veut donner à sa ligne ; de manière que dans tous les mouvemens la nouvelle position ne soit point déterminée par le hasard, mais par la volonté du Commandant en chef, qui, choisissant autour du terrain que l'œil peut embrasser, deux points, l'un à sa droite, l'autre à sa gauche, donnera ainsi à sa ligne, ou à la colonne, la direction la plus conforme à ses vues.

Ces objets doivent être isolés, autant qu'il est possible, & assez saillants pour être apperçus distinctement, comme un arbre, un clocher, une maison, un moulin.

Manière de determiner une position entre deux points
donnés dont on ne peut approcher.

PLANCHE II. Aussitôt que le point de la droite & celui de la gauche auront été déterminés par le Commandant en chef, deux Officiers désignés par les caractères *R* pour celui de gauche, *A* pour celui de droite, chercheront les points intermédiaires. Soit un arbre *C* à gauche, un moulin *D* à droite, *R* restera en place, tandis que *A* se portant à environ quarante pas sur la droite de *R*, s'alignera sur lui & le point *C*.

R fera signal pour marcher en avant, en faisant un mouvement de conversion, de manière que le point *C* soit le pivot de la conversion, & que l'Officier *A* se conserve toujours aligné avec le point *C* & l'Officier *R*.

R marchera regardant toujours *A*, pour lui faire fignal de s'arrêter à l'inftant où *A* lui cachera le point de droite *D* : *A* étant toujours aligné fur l'Officier *R* & le point *C*, le point intermédiaire eft trouvé.

L'Officier *R* reftera à fa place, jufqu'à ce qu'il foit relevé par un Officier du bataillon fuivant, & mettra pied à terre, s'il étoit à cheval.

L'autre Officier reviendra à la tête de la colonne, & indiquera au Commandant en chef l'Officier *R*. La colonne ayant fa droite en tête, & arrivant parderrière la gauche du terrain qu'elle doit occuper, le Commandant en chef en dirigera la tête vers le point *R*, de manière que la droite du premier peloton arrive vis-à-vis cet Officier.

Le premier peloton arrivant à trente pas de cet Of-   PLANCHE III.,
Fig. 1.
ficier, portera les armes au commandement de fon Chef, qui, à l'avertiffement du Commandant en chef, ira promptement fe mettre à la gauche de fon premier rang, & commandera, *par peloton = à droite, marche*, affez près de l'Officier *R*, pour qu'en achevant le mouvement de converfion, le Chef de ce peloton rafe la poitrine de cet Officier qui fait face à la colonne : fon peloton fe trouvant perpendiculairement fur la nouvelle ligne de direction, il commandera, *halte*, & tout de fuite après, *marche, tête = à gauche*, pour fe diriger fur le point de la droite qui lui fera indiqué par le Commandant en chef.

Le Chef du premier peloton cherchera entre le point en avant & lui-même, des points intermédiaires fur le terrain, & marchera exactement fur cette nouvelle ligne, qui fervira de direction à toute la colonne. Tout ce qui vient d'être prefcrit pour le Chef du peloton qui a la tête de la colonne, fera obfervé par chaque Chef de peloton, à mefure qu'il arrivera fur le terrain où le premier peloton aura porté les armes.

Aussitôt que le Chef du second peloton sera arrivé dans la nouvelle ligne de direction, il se mettra au Chef de file sur le Chef du premier peloton, & le point de vue en avant, & il maintiendra cet Officier sur le point de vue, s'il s'en écartoit.

Les Chefs des autres pelotons se tiendront correctement au Chef de file, en observant exactement la distance qu'ils doivent avoir dans la colonne, qui marchera au pas ordinaire.

Les Chefs de bataillon se tiendront à la tête de leur bataillon, & se retourneront souvent pour voir si les Chefs de peloton observent les Chefs de file.

Le Commandant en chef se tiendra à la tête de la colonne, & examinera souvent si la queue de la colonne répond exactement au point de vue en arrière C, d'après la direction de la tête.

Si, les Chefs de file étant exactement observés de la tête à la queue de la colonne, le Chef du premier peloton se jette à droite ou à gauche, on s'en appercevra aisément par le prolongement de la colonne, qui couvrira ou découvrira trop les points de vue en arrière.

Si le point de vue en arrière est trop découvert, le Commandant en chef fera appuyer la tête de la colonne un peu à gauche ; le Chef du second peloton prendra de nouveau son Chef de file, de manière que le Chef du premier peloton lui couvre exactement le point de vue en avant : toute la colonne suivra successivement le même mouvement.

Si le point de vue en arrière est masqué, on y remédiera par des mouvemens contraires.

Les points de vue doivent toujours être assez découverts pour se trouver précisément en avant du front, lorsque la colonne sera reformée en bataille.

Chaque peloton sera toujours correctement aligné, & joindra exactement l'Officier qui maintient le Chef de file.

Cet

Cet Officier ne perdra pas de vue son Chef de file.

Les Officiers & Bas-officiers de serre-file auront la plus grande attention à ce que les pelotons marchent quarrément sur la ligne donnée, & que les Soldats soient constamment au pas, & se joignent bras à bras du côté de l'Officier qui est au pivot : la colonne entière marchera au même pas.

Article 2.

Pour se mettre en bataille.

La tête de la colonne étant arrivée au point où doit appuyer la droite de la ligne, on commandera :

Planche III.
Fig. 2 & 3.

1.

Bataillon.

2.

Halte.

A ce dernier commandement, répété rapidement par tous les Chefs de bataillon & de peloton, toute la colonne arrêtera, & chaque Chef de peloton commandera aussitôt, *à gauche ═ alignement.*

On commandera ensuite :

1.

A gauche ═ en bataille.

2.

Marche.

Au premier commandement, répété par les Chefs de bataillon, les Porte-drapeaux reprendront leurs places à l'aile du peloton; un Serre-file de l'aile droite du peloton de la tête de chaque bataillon se portera sur l'alignement des pivots gauches, à la distance du front de son peloton, pour déterminer exactement le point où le Chef de ce peloton doit arrêter son mouvement de conversion ; ce qui sera exécuté généralement à chaque peloton qui aura la tête d'une colonne & d'un bataillon.

En même temps tous les Chefs de peloton placés ordinairement à l'aile droite de leur peloton, s'y porteront légèrement, & conduiront le mouvement de conversion. Le Chef

V

du cinquième peloton se portera à l'aile droite, à la place du Porte-drapeau, qui reculera au deuxième rang. Les Chefs du peloton de l'aile gauche des bataillons, ainsi que les Capitaines de Grenadiers de l'aile gauche, se porteront à l'aile droite de leur peloton, & conduiront le mouvement de conversion. Le Sous-lieutenant du huitième peloton se reculera au second rang, pour céder sa place au Capitaine.

Au second commandement *marche*, qui sera répété par les Chefs de bataillon & de peloton, l'homme du premier rang de l'aile gauche de chaque peloton fera *à gauche*, & la colonne se mettra en bataille par un mouvement de conversion à gauche.

Le mouvement de conversion fini, les Chefs de peloton commanderont *halte*, *alignement*. Lorsqu'ils arriveront eux-mêmes à hauteur de l'homme de gauche du peloton qui les précédoit dans la colonne, ils rectifieront leur alignement de la droite à la gauche, en portant la tête sur le rang, en avançant un peu le corps, & même en sortant hors du rang, s'il est nécessaire; observant que les hommes qui ont servi de pivot, ne doivent jamais bouger. Les Chefs du peloton ou des Grenadiers de l'aile gauche reprendront leurs places de bataille, aussitôt après avoir aligné leur peloton.

L'inverse s'exécutera dans une colonne rompue à gauche, arrivant derrière la droite de son terrain, excepté que les Chefs de peloton se trouvant alors à la droite pour prendre le Chef de file, le Sergent qui est derrière eux passera en serre-file pendant la marche de la colonne, & ne reviendra à la droite du dernier rang, que lorsque le peloton sera rentré en ligne. Le Sous-lieutenant du huitième peloton, & le Sergent du troisième rang qui auront passé en serre-files pour céder la place au Capitaine, reprendront aussi leurs places, lorsque le peloton sera rentré en ligne, & que le Chef du septième peloton reprendra la sienne.

Dans le même cas d'une colonne rompue à gauche, au commandement *à droite en bataille*, les Chefs de peloton qui se trouveront placés à la droite de leur peloton, se

porteront légèrement à la gauche de leur peloton, &
conduiront le mouvement de converfion. Le Chef du
quatrième peloton prendra la place du Porte-drapeau,
qui reculera au deuxième rang.

Les Chefs de peloton & les Capitaines de Grenadiers
de l'aile gauche des bataillons, fe porteront au flanc
gauche de leur peloton, & meneront l'aile marchante.

Les Chefs de peloton commanderont, après le mouvement de converfion fini, *halte, à gauche = alignement;* ils
rectifieront l'alignement de leur peloton, & au commandement *tête = à droite*, fait par le Chef de bataillon, ils
reprendront promptement leurs places de bataille.

ARTICLE 3.

Autres manières de fe mettre en bataille.

Si la tête de la colonne arrive par le centre, ou par
quelque autre partie du terrain qu'elle doit occuper fur
fon front, on lui fera alors les commandemens expliqués
au titre 13 *des Déployemens*, art. 1.

Si la colonne formée par la droite arrive par la droite
de fon terrain, on lui commandera.

Sur la droite en bataille.

A cet avertiffement, le Chef du premier peloton commandera, *par peloton = à droite, marche.* Le mouvement de
converfion fini, il commandera *halte* ; & auffi-tôt après, fe
portant un pas en avant de l'aile droite de fon peloton, il
commandera *marche*, pour le porter jufqu'au point où le
Commandant en chef jugera à propos de l'arrêter. Alors le
Chef de ce peloton lui commandera *halte, alignement*. Le peloton fera aligné par le Commandant en chef, fur le point de
vue de gauche.

La colonne continuera de marcher ; chaque peloton
fera fucceffivement, *par peloton à droite*, au commandement de fon Chef, dès que fa file droite aura dépaffé
la file gauche du peloton qui le précède, pour aller fe
mettre en bataille à côté de lui.

Chaque Chef de peloton, en conduifant fon peloton fur le nouvel alignement, obfervera de lui commander *halte* à un pas en arrière de l'alignement du premier rang; & fe plaçant promptement de fa perfonne fur l'alignement général, il lui commandera auffitôt de s'aligner. Ce principe fera généralement obfervé dans tous les mouvemens où des pelotons arriveront fucceffivement fur un nouvel alignement.

Le même mouvement fe fera par l'inverfe, quand la colonne formée par la gauche arrivera par la gauche de fon terrain.

Toutes les fois que l'alignement devra fe prendre par la droite, le Commandant en chef fe portera à la droite, & dirigera l'alignement fur le point de vue de gauche : on obfervera l'inverfe quand l'alignement devra fe prendre par la gauche.

A R T I C L E 4.

Pour fe mettre en bataille fur deux lignes.

PLANCHE IV.　LORSQUE l'on marchera fur deux colonnes de deux bataillons chacune, & que l'on voudra les former fur deux lignes, le Commandant en chef indiquera d'abord les point de vue pour la première ligne : deux Officiers chercheront auffitôt les points intermédiaires, & fe placeront de façon à pouvoir fervir de direction aux têtes des colonnes, en obfervant exactement de laiffer entre eux la diftance pour un bataillon.

Auffitôt que les têtes des colonnes qui devront former la première ligne, entreront dans la nouvelle direction par un mouvement de converfion, les têtes des bataillons deftinés pour deuxième ligne feront en même temps les mêmes mouvemens : deux Officiers leur marqueront la direction, dans le moment que les têtes de ces colonnes exécuteront les mouvemens de converfion.

La feconde ligne n'a pas befoin de point de vue en

arrière

arrière, elle aura feulement foin de fe diriger parallèlement à la première.

Lorfque les colonnes feront plus nombreufes & plus
fortes, ou lorfqu'on voudra mettre plus ou moins d'intervalle entre les deux lignes, on emploiera proportion-
nellement les mêmes principes & les mêmes moyens.

<h2 style="text-align:center">ARTICLE 5.</h2>

Difpofition pour exercer en détail.

Si le Régiment, après avoir occupé fa première pofition, doit exercer en détail, on fera porter, environ
foixante pas en avant, tous les pelotons impairs; on les
alignera l'un fur l'autre parallèlement aux pelotons qui
feront reftés en place.

Si on doit exercer aux *feux* & à la *charge*, le Commandant en donnera l'ordre; & pendant cet exercice le
Major raffemblera en avant ou en arrière du Régiment
les pelotons de drapeaux de tous les bataillons ; il les
placera à foixante pas les uns des autres, pour les exercer à la marche, les obligeant à fe tenir toujours alignés
fur le peloton d'alignement, & à conferver l'intervalle
qui leur aura été prefcrit; il les fera marcher en avant fur
des points de vue ; fera changer de direction au peloton d'alignement, & obligera les autres à fe conformer
exactement à la nouvelle direction.

Les Sous-aides-major de chaque bataillon fuivront
leur peloton de drapeaux.

Lorfqu'on voudra exercer les Compagnies à la
marche, les troifièmes Sergens iront rejoindre leur peloton.

Les Porte-drapeaux de chaque bataillon fe partage-
ront aux quatrième & cinquième pelotons, pour en diriger la marche.

Les Compagnies feront exercées à la marche, en fe

X

conformant à ce qui a été preſcrit au titre 4, article 2.

Lorſqu'un Régiment devra exercer en détail, le Commandant indiquera les objets ſur leſquels les Compagnies ou diviſions feront exercées, & déterminera le moment où on devra paſſer d'un objet à un autre.

TITRE X.

De la Marche en bataille.

ARTICLE PREMIER.

De la Marche en avant.

ON commandera :

1.

Bataillon === *en avant.*

2.

Marche.

PLANCHE V.
Fig. 1.

Au premier commandement, répété par les Chefs de bataillon, les Drapeaux & les deux Sergens de leur droite & de leur gauche ſe porteront ſix pas redoublés en avant, & s'aligneront ſur les drapeaux du bataillon d'alignement.

Le Chef du bataillon ſe tiendra à pied, deux pas en avant des drapeaux ; ſe portera de temps en temps ſur le flanc gauche des drapeaux, ſi l'alignement vient de la droite ; ſur le flanc droit, s'il vient de la gauche, pour voir ſi ſes drapeaux ſont dans la direction & à hauteur de ceux du bataillon d'alignement.

Le Chef du bataillon d'alignement ſera toujours deux pas en avant de ſes drapeaux, & recevra l'ordre du Commandant en chef.

En même temps que les Drapeaux ſe porteront en avant, l'Aide-major qui ſera placé derrière le centre du bataillon, indiquera au Porte-drapeau de droite, & au Sergent qui marche derrière lui, un point de vue perpendiculaire, en le prenant ſur le prolongement des deux têtes du Porte-drapeau & du Sergent qui le remplace au premier rang.

Au ſecond commandement *marche*, répété avec la plus grande rapidité par tous les Chefs de bataillon, le demi-rang de la droite de chaque bataillon portera la tête à gauche, & la ligne marchera en avant.

Le Porte-drapeau de la droite s'occupant feul dans chaque bataillon de marcher au point de vue, choifira, entre l'objet indiqué & lui-même, des points intermédiaires que pourra offrir le terrain ; il y fera maintenu par le Sergent de fa file, qui doit obferver la diftance prefcrite de fix pas.

L'Aide-major furveillera encore ces deux hommes.

Les quatre hommes qui marchent en avant du bataillon, marcheront quarrément, & collés l'un à l'autre bras à bras.

Les Sergens du centre, les trois files de droite du cinquième peloton, & les trois files de gauche du quatrième, formeront la bafe de l'alignement du bataillon, & fe tiendront collés l'un à l'autre bras à bras, fur l'alignement du Sergent qui marche derrière le drapeau de la droite.

Le Chef du bataillon veillera continuellement fur l'alignement & l'enfemble du bataillon.

Si l'intervalle qui doit féparer chaque bataillon, du bataillon le plus voifin du côté de l'alignement, diminue ou augmente, le Sous-aide-major placé derrière la droite ou la gauche, fuivant le côté d'où viendra l'alignement, avertira *fur la droite*, ou *fur la gauche*. Le Chef du bataillon fera fur le champ le commandement :

Oblique à droite ou *à gauche* == *marche.*

A ce commandement, le bataillon marchera le *pas oblique*, *à droite* ou *à gauche*, fans ceffer de regarder le centre : lorfque l'intervalle fera repris, le Sous-aide-major avertira *en avant*. Le Chef commandera :

En avant == *marche.*

A ce commandement, le bataillon marchera en avant, & l'Aide-major indiquera fur le champ un nouveau point de vue.

Si l'intervalle entre les bataillons diminuoit, ou augmentoit, foit parce que le point de vue auroit été mal choifi, foit parce que le Commandant en chef auroit changé la direction du bataillon d'alignement, le Chef du bataillon commandera :

Changez de direction fur la droite, ou *fur la gauche* == *marche.* Planche VI.

A ce commandement, fi on a changé de direction fur la droite, l'Aide-major indiquera fur le champ un point de vue un peu fur la droite ; le Porte-drapeau avançant un peu l'épaule gauche, s'y dirigera dès fon premier pas ; le Sergent qui eft derrière lui, se mettra à ce nouveau Chef de file ; les trois files de gauche de la division des drapeaux, en avançant l'épaule gauche, les trois files de droite, en reculant l'épaule droite, se conformeront à cette nouvelle direction d'alignement : l'aile droite du bataillon, en cédant un peu sur la droite, se conformera successivement à ce qui vient d'être prescrit pour les files de droite du peloton du centre ; l'aile gauche du bataillon, en se rapprochant du peloton du centre, se conformera successivement à ce qui vient d'être prescrit pour les files de gauche de ce peloton.

Si le changement de direction étoit considérable, on ne l'exécuteroit pas tout d'un coup dans la portion de la ligne qui devroit avancer, mais peu à peu, sauf ensuite à rentrer dans la ligne en alongeant le pas, ou même en pressant la mesure.

La portion de la ligne qui devroit soutenir, pourroit l'exécuter tout de suite ; mais dans tous les cas & dans tous les bataillons de la ligne, on doit faire raccourcir le pas aux drapeaux jusqu'à ce que les ailes de chaque bataillon aient pris la nouvelle direction de leurs drapeaux.

On doit observer que ce mouvement qui a principalement pour objet de corriger la direction d'un ou plusieurs bataillons dans la ligne, devient d'une si difficile exécution, à mesure que la ligne auroit plus d'étendue, qu'il seroit dangereux de s'en servir sur un très-grand front.

Attentions du Commandant de la ligne, pour l'alignement général.

Le Commandant en chef doit d'abord indiquer quel sera, pendant la marche, le bataillon d'alignement. Comme c'est ensuite par le centre des bataillons qu'est établi l'alignement général de la ligne, ce sera par la position des drapeaux de chaque bataillon, que le Commandant en chef jugera de la position particulière de chaque bataillon dans la ligne, en abandonnant à chaque Chef de bataillon le soin d'aligner son bataillon sur lui-même : il doit veiller particulièrement sur la direction du bataillon d'alignement, & faire observer au Chef de ce bataillon

de

de raccourcir les premiers pas de fa marche, jufqu'à ce que la ligne foit en mouvement.

S'il veut faire marcher obliquement *à droite* ou *à gauche*, il aura attention de faire reprendre de temps en temps la direction perpendiculaire au bataillon d'alignement, afin que les autres bataillons de la ligne puiffent rétablir leur alignement ou leur intervalle.

S'il fait changer de direction fur la droite ou fur la gauche, il aura attention que ces mouvemens foient peu confidérables, & fera ralentir la marche du bataillon d'alignement, jufqu'à ce que la ligne entière fe foit conformée à la nouvelle direction.

Cette attention fera encore plus particulièrement indifpenfable, fi, par le changement de direction, le bataillon d'alignement fe trouve être le pivot de cette efpèce de converfion.

Attentions du *Commandant de Régiment dans une ligne.*

Le Commandant d'un Régiment dans une ligne, doit veiller à ce que chaque Chef de bataillon exécute avec exactitude & activité tout ce qui fera ordonné; il fe portera par-tout où le befoin l'exigera; il ne répétera point les commandemens qui pafferont directement du Commandant de la ligne aux Chefs de chaque bataillon.

Attentions des *Chefs de bataillon.*

Le Chef d'un bataillon faifant partie d'une ligne, doit répéter avec la plus grande rapidité tous les commandemens du Commandant en chef; il doit continuellement veiller à l'alignement de fon bataillon, à l'enfemble du pas dans fon bataillon; il eft en outre particulièrement chargé de tenir fon bataillon à hauteur du bataillon d'alignement, fur lequel il fe réglera de préférence, quand il pourra en appercevoir la direction; il n'aura point égard alors aux bataillons plus près que lui du bataillon d'alignement , s'ils avoient pris une fauſſe direction.

Chaque bataillon dans la ligne obſervera ſur-tout de ne jamais déborder le bataillon d'alignement, & de ſe tenir plutôt un peu en arrière.

Attentions des Chefs de peloton, des Serre-files & du Soldat dans la Marche en bataille.

Les Chefs de peloton auront continuellement l'œil ſur le peloton qui ſera entr'eux & les drapeaux ; ils remédieront aux plus petits défauts dans l'alignement, marcheront eux-mêmes correctement au même pas que le centre du bataillon.

Les Serre-files veilleront ſur les ſecond & troiſième rangs ; avertiront à demi-voix , lorſqu'ils appercevront quelque irrégularité ; ſe tiendront toujours à deux pas de la Troupe, alignés entr'eux ; & le plus ancien de chaque peloton ſera chargé ſpécialement d'empêcher que le Soldat n'avance hors du rang , l'épaule oppoſée à l'alignement.

Le Soldat aura attention de ne pas avancer hors du rang , l'épaule oppoſée à l'alignement ; il s'alignera ſur la majeure partie du rang depuis lui juſqu'au Commandant du peloton vers lequel il aura la tête tournée ; il ne débordera ſur-tout jamais le rang ; il marchera conſtamment le même pas que le centre de ſon bataillon ; & ſi la difficulté du terrain le lui fait perdre , il le reprendra auſſitôt en jettant les yeux ſur les drapeaux.

Lorſque la ligne devra arrêter , on commandera :

1.

Bataillon.

2.

Halte.

Ces deux commandemens ſeront répétés par les Chefs de bataillon , qui auront attention de ne répéter le ſecond commandement, que lorsque leur bataillon sera arrivé sur l'alignement.

Au second commandement, le bataillon arrêtera, & tournera la tête *à droite*; les Porte drapeaux & Sergens qui étoient en avant, rentreront à leur place : chaque Chef de bataillon commandera aussitôt, *sur le centre ═ alignement*, en donnant à son peloton de drapeaux une direction conforme à celle du bataillon d'alignement.

Si le Commandant en chef veut donner un alignement encore plus exact à sa ligne, il fera porter, quelques pas en avant, ou en arrière, les deux pelotons de drapeaux des deux premiers bataillons de la droite ou de la gauche, & les placera dans la direction qu'il aura choisie. Aussitôt que les Chefs de bataillon verront sortir ces deux pelotons de drapeaux, ils porteront chacun le leur à la même hauteur; le Sous-aide-major placé à l'aile qui se trouve du côté du bataillon d'alignement, chargé de veiller à la conservation de l'intervalle, avertiroit le Chef du bataillon de porter son peloton de drapeaux plus ou moins sur la droite ou sur la gauche, suivant qu'il faudroit augmenter ou diminuer l'intervalle. Dès que chaque peloton de drapeaux sera placé à hauteur & dans la direction des pelotons de drapeaux des deux bataillons d'alignement, chaque Chef de bataillon commandera : *sur le centre ═ alignement.*

Aussitôt qu'un bataillon sera aligné, son Chef lui commandera : *tête ═ à droite.* Le demi-rang de droite tournera la tête à droite

ARTICLE 2.
De la marche en retraite.

Lorsqu'on voudra faire marcher par le dernier rang, on commandera :

1.

Bataillon.

2.

Demi-tour ═ à droite.

Le bataillon l'exécutera en deux temps.

Enſuite on commandera :

3.

En avant.

4.

Marche.

Ces quatre commandemens ſeront répétés par les Chefs de bataillon.

Au troiſième commandement, les deux Sergens placés au centre du deuxième rang du peloton des drapeaux, avanceront à quatre pas en avant des Serre-files, en laiſſant entre eux la place des deux Porte-drapeaux, qui viendront du premier rang ſe porter entre eux deux.

Les Sergens de la droite & de la gauche du deuxième rang viendront former le centre du troiſième rang devenu le premier, & ſeront remplacés par les deux Sergens qui étoient à la droite & à la gauche du premier rang.

Au quatrième commandement, le bataillon marchera en avant, par ſon dernier rang ; les deux Serre-files du centre marcheront derrière les deux Sergens des ailes du peloton de drapeaux, en obſervant de s'en tenir toujours éloignés de quatre pas ; les Serre-files marcheront bien alignés entr'eux ; les Sergens qui ſeront alors au premier rang, veilleront à l'alignement des pelotons.

Le Chef du bataillon indiquera le point de vue en avant au Porte-drapeau de gauche ; le Sergent qui ſera derrière ce Porte-drapeau, le maintiendra ſur le point de vue ; le Chef du bataillon les ſurveillera l'un & l'autre, fera les commandemens, & reſtera toujours à ſa place ordinaire, ainſi que l'Aide-major & le Sous - aide - major.

L'Aide - major veillera alors à l'alignement du bataillon ſur lui - même & dans la ligne ; il avertira le Chef du bataillon s'il doit marcher obliquement à droite ou à gauche, raccourcir ou alonger le pas, ou changer la direction. Le Sous-aide-major veillera de même à l'intervalle.

ARTICLE 3.

Paſſage de l'obſtacle en marchant en bataille.

Si une portion de bataillon rencontre un obſtacle qui l'empêche de continuer ſa marche, le Chef de la diviſion, ou peloton, ſe portera vivement deux pas en avant, & faiſant face à ſa Troupe, commandera :

1.

1.

Division ou *peloton* = *halte.*

2.

A droite & à gauche.

3.

Marche.

Au premier commandement, la division, ou le peloton s'arrêtera.

Au deuxième commandement, la moitié fera *à droite*, l'autre moitié *à gauche.*

Au troisième commandement, ce qui a fait *à droite*, fera *par files à gauche;* ce qui a fait à gauche, fera *par files à droite :* chaque flanc suivra les trois premières files qu'il aura devant lui.

L'obstacle passé, on commandera :

En ligne = *marche.*

A ce commandement, le premier homme se portera au pas redoublé sur l'alignement du bataillon. Les deux hommes de sa file le suivront, & reprendront, ainsi que lui, le pas du bataillon : à mesure que chaque file trouvera jour à se remettre en ligne, elle exécutera le même mouvement.

Si l'obstacle se rencontroit vis-à-vis une division de l'aile du bataillon, cette portion ne se sépareroit point, & feroit *halte*, *à droite*, ou *à gauche*, & *marche*, au commandement de son Chef, pour suivre le reste de son bataillon.

Si l'obstacle couvroit le front du demi-rang, ou du bataillon, il fera la même manœuvre au commandement du Chef de bataillon, en se divisant de droite & de gauche, par division ou par demi-rang.

Dès que les drapeaux seront rentrés en ligne, le Chef du bataillon commandera :

Drapeaux en avant = *marche.*

Les drapeaux se porteront en avant, & les deux demi-rangs tourneront la tête au centre.

Ce qui vient d'être expliqué pour la marche de plu-

Z

fieurs bataillons, indique avec quel foin il faut inftruire chaque bataillon féparément, pour qu'il puiffe exécuter avec précifion, dans une ligne, tout ce que les circonf-tances peuvent prefcrire.

On accoutumera donc chaque bataillon, féparément, à marcher perpendiculairement en avant, obliquement à droite & à gauche, à raccourcir ou marquer le pas, comme fi un bataillon étoit trop en avant.

On l'accoutumera à alonger le pas, à changer de direction à droite ou à gauche : on fera quelquefois marcher le *pas redoublé*, comme fi un bataillon étoit refté en arrière de la ligne, mais jamais plus de 40 ou 50 pas de fuite.

TITRE XI.

Différentes manières de rompre & de reformer le Régiment.

ARTICLE PREMIER.

Rompre & reformer le Régiment.

ON ne rompra jamais des bataillons, que par peloton ou divifion au plus.

On prononcera & on exécutera les commandemens, comme il eft prefcrit au titre 8.

Toutes les fois qu'on les aura fait rompre, on les fera reformer par les mouvemens contraires, & on fe confor-mera à ce qui eft prefcrit au titre 9, article 2.

ARTICLE 2.

Rompre en avant à droite ou à gauche.

ON commandera :

1

En avant par peloton══à droite ou à gauche en colonne.

2.

$$Par\ peloton = \begin{cases} à\ droite, \\ \text{ou} \\ à\ gauche. \end{cases}$$

3.

Marche.

4.

Halte, *à gauche* $=$ *alignement*, ou *alignement.*

5.

Marche.

Le second & le troisième commandement seront répétés par les Chefs de bataillon.

Au troisième commandement, le peloton de la droite ou de la gauche, suivant le côté par lequel on devra se rompre, marchera en avant, & fera *halte*, au commandement de son Chef, après avoir marché nombre de pas égal à son front.

Tous les autres pelotons feront un mouvement de conversion *à droite*, ou *à gauche* : le Chef de chaque peloton fera le quatrième commandement *halte*, lorsqu'il sera perpendiculairement sur la ligne qu'il occupoit en bataille.

Au cinquième commandement, répété par les Chefs de bataillon & de peloton, tous les pelotons marcheront en avant pour se porter successivement sur le terrain d'où sera parti le premier peloton ; ils feront un second mouvement de conversion *à gauche* ou *à droite*, & prendront rang dans la colonne.

On pourra aussi former une colonne de marche en avant de sa droite, ou de sa gauche, par demi-quart de conversion, lorsque le terrain sera libre.

On commandera :

En avant par peloton $=$ *demi à droite*, ou *demi à gauche en colonne.*

2.

$$Par\ peloton = \begin{cases} demi\ à\ droite, \\ \text{ou} \\ demi\ à\ gauche. \end{cases}$$

3.

Marche.

4.

Halte , à gauche ═ alignement , ou alignement.

5.

Marche.

Le second & le troisième commandement feront répétés par les Chefs de bataillon.

Au troisième commandement, le peloton de la droite, ou de la gauche , fe portera directement en avant : tous les autres feront un *demi-quart de converſion*.

Au quatrième commandement , ils feront *halte* , au commandement de leur Chef.

Au cinquième commandement , répété par les Chefs de bataillon & de peloton , les pelotons ſe dirigeront par le plus court chemin , avec la tête à gauche ſi la droite eſt en tête , & la tête à droite ſi la gauche eſt en tête , pour prendre rang dans la colonne.

Lorſque le terrain ſera libre , on pourra ſe remettre en bataille par les mouvemens contraires , en ſe conformant , après le *demi à gauche* , ou le *demi à droite* exécuté , à ce qui eſt preſcrit au titre 12 , article 7 , pour le changement de front par le front des pelotons.

Lorſqu'un régiment étant en bataille devra rompre par la droite , pour marcher vers la gauche , ou rompre par la gauche , pour marcher vers la droite , le Commandant en chef ſe portera à l'aile droite , ou à l'aile gauche , fera le commandement *marche* au peloton de l'aile , le portera en avant juſques ſur le terrain où le peloton devra faire ſon mouvement de converſion. Chaque peloton de la ligne ſe portera ſucceſſivement en avant , au commandement de ſon Chef , qui aura attention de faire arriver ſon peloton au point où il devra faire ſon mouvement de converſion , à l'inſtant où le peloton qui devra précéder le ſien dans la colonne , ſera prêt à abandonner le terrain.

Si le mouvement s'exécutoit par diviſions, elles feroient ce qui vient d'être preſcrit pour les pelotons.

TITRE

TITRE XII.

CHANGEMENS DE POSITION.

A droite, pour faire face à gauche.
A droite, pour faire face à droite.
A gauche, pour faire face à droite.
A gauche, pour faire face à gauche.

LE méchanifme de ces mouvemens a la propriété de donner à une ligne, dans les terrains les plus coupés, telle direction que le Commandant en chef juge à propos, foit en avant, foit en arrière de fon front, pour faire face indiftinctement à fon flanc droit ou gauche, foit que le mouvement fe foit fait par la droite, foit qu'il fe foit fait par la gauche.

Ces mouvemens ont encore l'avantage que le Commandant en chef, en conduifant feulement le peloton de la tête, donne la direction à fa colonne, fans envoyer aucun ordre ; qu'il peut encore non-feulement changer la direction à tous les inftans du mouvement, mais même qu'il peut, ayant eu intention de faire face à fon flanc gauche, fe diriger tout d'un coup pour faire face à fon flanc droit.

Le Commandant en chef difpofe enfin de la totalité d'une ligne, de quelque nombre de bataillons qu'on la fuppofe, & peut à tout inftant déterminer fa pofition, fuivant les circonftances. Ce mouvement eft encore le moyen le plus prompt pour refufer une aile.

ARTICLE PREMIER.

Principes généraux des changemens de pofition.

LE peloton de l'aile par laquelle fe fera le mouvement, recevra toujours directement l'ordre du Commandant en chef, parce qu'il y a des cas où ce peloton fait d'abord un mouvement de conversion contraire à celui que doivent exécuter tous les pelotons de la ligne. Il est donc excepté des indications générales ci-après.

Si la ligne, après avoir rompu à droite, doit faire face à gauche, tous les pelotons devront marcher par leur flanc droit.

Si la ligne, après avoir rompu à droite doit faire face à droite, tous les pelotons devront marcher par leur flanc gauche.

Si la ligne, après avoir rompu à gauche, doit faire face à droite, tous les pelotons devront marcher par leur flanc gauche.

Si la ligne, après avoir rompu à gauche, doit faire face à gauche, tous les pelotons devront marcher par le flanc droit.

Les Chefs de peloton se porteront toujours à côté de la première file du flanc par lequel on devra marcher.

Les pelotons marchant par le flanc droit, si le peloton de l'aile marche en avant pendant le mouvement, les Chefs de peloton appuieront vers la tête de la colonne, pour observer leur distance, qui devra s'estimer de l'homme de la droite d'un peloton à l'homme de la droite du peloton précédent, la distance parallèle entre les pelotons diminuant en raison de la direction plus ou moins oblique dans laquelle marcheront les pelotons.

Ils observeront à l'instant où ils prendront rang dans la colonne sur la nouvelle direction, de laisser entre leur peloton & celui qui y est arrivé avant le leur, moins de distance que le front de leur peloton, afin de ne pas la perdre pendant qu'ils feront les commandemens qui seront indiqués pour l'instant où ils prendront rang dans la colonne.

Lorsque les pelotons marcheront par le flanc gauche, ils observeront leur distance de l'homme de gauche à l'homme de gauche. Dans le même cas, ils doivent en-

core obferver de faire le commandement *marche*, un inf
tant avant d'avoir précifément leur diftance, de manière
à prendre le même pas que les pelotons qui les précèdent.

La tête de la colonne, & fucceffivement tous les pelotons qui y auront pris rang, marcheront le *pas ordinaire*; mais pour y arriver, ils marcheront le *pas redoublé*.

Les Serre-files veilleront à ce que les Soldats emboîtent
bien, & qu'ils marchent toujours au pas du Chef de peloton.

ARTICLE 2.

Changement de pofition à droite, pour faire face à Pl. VII & VIII.
gauche.

ON commandera :

1.

Changement de pofition à droite, pour faire face à gauche.

2.

Par peloton === à droite.

3.

Marche.

4.

Halte, à gauche === alignement.

5.

A droite.

6.

Marche.

Les trois premiers commandemens feront répétés par les
Chefs de bataillon.

Au fecond commandement, chaque Chef de peloton fe
portera deux pas en avant du centre de fon peloton.

Au troifième commandement, la ligne fera par peloton
un mouvement de *converfion à droite*.

Le quatrième commandement ne fera fait que par les Chefs
de peloton, qui arrêteront le mouvement de converfion, lorfque leur Troupe fe trouvera perpendiculairement fur la ligne
qu'elle occupoit avant ce mouvement.

Pendant que la ligne rompra, le premier peloton se portera en avant, en marchant un nombre de pas égal à son front : le Commandant en chef indiquera le point de vue en avant au Chef de ce peloton ; il fera exécuter un mouvement de *conversion*, pour placer sa Troupe perpendiculairement sur la nouvelle ligne de direction.

Un Aide-major se portera dix ou douze pas en avant, en faisant face au premier peloton, & sera aligné par le Chef de ce peloton sur le point de vue en avant.

L'Aide-major indiquera alors au Commandant en chef le point de vue en arrière dans le prolongement de la ligne qu'il formera avec le Chef du premier peloton qui se fera promptement placé à l'aile gauche.

Cet Aide-major restera jusqu'à ce qu'il soit relevé par l'Aide-major du bataillon suivant.

L'Aide-major du dernier bataillon restera jusqu'à ce que la ligne soit en bataille & alignée.

Au cinquième commandement, qui sera répété par les Chefs de bataillon & de peloton, tous les pelotons feront *à droite*, excepté le deuxième & le troisième qui resteront face en tête pour se jetter au sixième commandement *marche*, par le chemin le plus court, dans la colonne, en se conformant à la direction du premier peloton : les Chefs de ces peloton resteront au pivot gauche.

Au sixième commandement, qui sera répété par les Chefs de bataillon & de peloton, tous ces pelotons marchant par le flanc droit au *pas redoublé*, conduits chacun par leur Chef qui s'est placé au côté gauche de sa première file droite, viendront successivement prendre rang dans la colonne.

Les Chefs de peloton observeront leur distance, ainsi qu'il a été prescrit, article premier de ce titre, & appuieront vers la tête de la colonne qui marchera en avant dans la nouvelle direction. A mesure que chaque Chef de peloton arrivera sur l'alignement des Chefs des pelotons déjà placés dans la colonne, il arrêtera de sa personne, fera front, se placera à son Chef de file, en se portant un peu en avant, laissera couler son peloton jusqu'à ce que sa première file soit arrivée à hauteur de la file droite du peloton précédent, commandera alors *halte, front, marche*, un instant avant d'avoir précisément sa distance, en prenant le pas de la colonne ; & il commandera aussitôt après, *tête = à gauche*.

La

La première file du peloton, en arrêtant, avancera l'épaule gauche, & tout le peloton se jettera brusquement à gauche pour prendre la direction parallèle aux pelotons déjà placés dans la colonne.

Dès que la tête de la colonne sera arrivée au point où devra appuyer la droite de la ligne, on lui commandera *halte*, qui sera répété par les Chefs des bataillons & des pelotons déjà arrivés dans la nouvellle direction.

Si tous les pelotons sont entrés dans la colonne, on la reformera en bataille, en se conformant à ce qui a été prescrit au titre 9, article 2.

Si tous les pelotons n'étoient pas entrés dans la colonne, on pourroit faire mettre en bataille ceux qui seroient dans la nouvelle direction ; & au commandement *halte*, fait à ces pelotons, les autres, en continuant de marcher par le flanc, & en appuyant à droite, reprendroient leur distance en arrière, & seroient mis en bataille successivement, bataillon par bataillon, dans la nouvelle direction.

PLANC. VIII.
Fig. 2.

Pendant que la colonne se portera en avant, le Commandant en chef en gouvernera la direction, par les moyens prescrits, titre 9, article premier.

ARTICLE 3.

Changement de position à droite, pour faire face à droite.

ON commandera :

1.

Changement de position à droite, pour faire face à droite.

2.

Par peloton＝à droite.

3.

Marche.

Bb

4.

Halte, à gauche = alignement.

5.

A gauche.

6.

Marche.

Aux quatre premiers commandemens, comme aux quatre premiers de l'article 2 de ce titre, excepté qu'au troisième le premier peloton rompra à droite avec le reste de la ligne. Le Chef de ce peloton recevra ensuite du Commandant en chef, le point de vue en avant ; il placera son peloton perpendiculairement sur la nouvelle ligne de direction, en continuant le mouvement de conversion à droite.

Il n'y a de différence entre ce mouvement & le précédent, si ce n'est qu'au cinquième commandement les pelotons feront *à gauche* pour marcher par leur flanc gauche, & qu'en prenant rang dans la colonne, les Chefs de peloton se trouvant à leur place doivent se mettre correctement au nouveau Chef de file, en faisant les commandemens *halte, front, marche, tête = à gauche.*

ARTICLE 4.

Changement de position à gauche, pour faire face à droite.

ON commandera :

1.

Changement de position à gauche, pour faire face à droite.

2.

Par peloton = à gauche.

3.

Marche.

4.

Halte, alignement.

5.

A gauche.

6.

Marche.

Les trois premiers commandemens feront répétés par les Chefs de bataillon.

Au deuxième commandement, les Chefs de peloton fe porteront deux pas en avant du centre de leur peloton.

Au troifième commandement, la ligne rompra par peloton à gauche ; le peloton de l'aile gauche fe portera en avant de l'étendue de fon front ; fon Chef recevra du Commandant en chef le point de vue en avant , placera fon peloton perpendiculairement fur la nouvelle ligne de direction , par un mouvement de converfion , fe placera au pivot droit , & alignera un Aide-major fur le point de vue en avant. Cet Aide-major indiquera au Commandant en chef le point de vue en arrière.

Le quatrième commandement *halte* fera fait par chaque Chef de peloton , lorfque le mouvement de converfion fera fini.

Au cinquième commandement, qui fera répété par les Chefs de bataillon & de peloton , tout fera *à gauche*, excepté le deuxième & le troifième peloton de l'aile gauche.

Au fixième commandement , qui fera répété par les Chefs de bataillon & de peloton , tout marchera le *pas redoublé* par le flanc gauche , à l'exception des deux pelotons les plus près du premier peloton , qui fe jetteront , par le plus court chemin , dans la nouvelle direction.

Les Chefs de peloton appuieront à droite , pour fe rapprocher de la tête de la colonne , en obfervant leur diftance , ainfi qu'il a été prefcrit à l'article premier de ce titre.

En prenant rang dans la colonne , ils s'arrêteront fur l'alignement des Chefs des pelotons déjà placés dans la colonne ; & laiffant couler leur peloton , ils exécuteront , & feront exécuter à leur peloton , l'inverfe de ce qui a été prefcrit à l'article 2 de ce titre.

Le Chef du premier peloton marchera au point de vue en avant , en fe conformant à ce qui a été prefcrit au titre 9, article premier.

Le Commandant en chef conduira la colonne avec les attentions prefcrites au titre 9, article premier.

Lorfque la colonne fera formée , & que la tête fera arrivée au point où devra être appuyée la gauche de la ligne , on lui commandera *halte* , & on la fera former en bataille , en obfervant les attentions prefcrites au titre 9, article 2.

ARTICLE 5.

Changement de poſition à gauche, pour faire face à gauche.

ON commandera :

1.

PLANCHE IX & X. *Changement de poſition à gauche, pour faire face à gauche.*

2.

Par peloton = à gauche.

3.

Marche.

4.

Halte, alignement.

5.

A droite.

6.

Marche.

Aux quatre premiers commandemens, comme aux quatre premiers de l'article 4 de ce titre, excepté qu'au troiſième le peloton de l'aile gauche rompra à gauche avec le reſte de la ligne. Le Chef de ce peloton recevra enſuite du Commandant en chef le point de vue en avant, & placera ſon peloton perpendiculairement ſur la nouvelle ligne de direction, en continuant le mouvement de *converſion à gauche.*

Il n'y a de différence entre ce mouvement & le précédent, ſi ce n'eſt qu'au cinquième commandement les pelotons feront *à droite*, pour marcher par leur flanc droit, & qu'en prenant rang dans la colonne, les Chefs de peloton ſe trouvant à leur place, doivent ſe mettre correctement au nouveau Chef de file, en faiſant les commandemens, *halte, front, marche.*

PLANCHE XI.   Lorſqu'on devra exécuter ces changemens de poſition, ſans que le peloton de l'aile droite ou gauche marche en avant, on ſe conformera à tout ce qui vient d'être preſcrit pour les changemens de poſition en marchant,

excepté

excepté que le fecond & le troifième peloton feront *à droite* ou *à gauche* comme les autres, & qu'en prenant rang dans la colonne, chaque Chef de peloton doit prendre fa diftance, de manière qu'elle fe trouve jufte en faifant les commandemens *halte, front, à gauche = alignement*, ou *alignement*.

Dès qu'un bataillon fera dans la nouvelle direction, on pourra le faire mettre en bataille, en fe conformant à ce qui a été prefcrit au titre 9, fuivant que la ligne aura été rompue à droite ou à gauche.

ARTICLE 6.
Changement de pofition central.
Principes généraux.

TOUTES les fois que la ligne devra faire face à gauche, elle rompra à droite. Toutes les fois qu'elle devra faire face à droite, elle rompra à gauche.

Si on prend pour divifion de direction précifément le peloton du centre de la ligne, on ne peut gagner de terrain en avant ou en arrière de fon front primitif, que lorfque tous les pelotons ont pris rang dans la colonne.

Si on a pris pour divifion de direction un peloton plus rapproché d'une des ailes, on ne pourra porter la colonne en avant, que lorfque tous les pelotons qui doivent paffer en avant du peloton de direction, auront pris rang dans la colonne.

Le Commandant en chef, avant de faire rompre la ligne, fe portera au peloton qu'il aura choifi pour peloton de direction, indiquera le point de vue en avant. Le Chef du peloton placera fa Troupe perpendiculairement fur la nouvelle ligne de direction, & fe portera au pivot.

Le peloton qui dans la ligne étoit à la gauche du peloton de direction, lorfque le mouvement fe fera en rompant à droite, ou celui qui étoit à la droite de ce même peloton, lorſque le mouvement ſe fera en rompant à gauche, ſe jettera promptement dans la nouvelle ligne de direction, derrière le peloton ſur lequel ſe fera le mouvement, en obſervant ſa diſtance, & en ſe plaçant au Chef de file du point de vue en avant, & de l'Officier qui eſt à l'aile du peloton de direction.

Changement de poſition central à gauche, la droite en téte.

On commandera :

I.

Changement de poſition central, la droite en téte.

2.

Par peloton = à droite.

3.

Marche.

4.

Halte, à gauche = alignement.

5.

A gauche & à droite.

6.

Marche.

Les trois premiers commandemens feront répétés par les Chefs de bataillon.

Au ſecond commandement, les Chefs de peloton ſe porteront à deux pas en avant du centre de leur peloton.

Au troiſième commandement, toute la ligne rompra par peloton à droite ; les deux pelotons qui ſont dans la direction ne bougeront pas : le mouvement de converſion fini, les Chefs de peloton feront le quatrième commandement, *halte.*

Au cinquième commandement, répété par les Chefs de bataillon & de peloton, chacun pour ce qui les concerne, les pelotons de l'aile droite feront *à gauche*, les pelotons de l'aile gauche feront *à droite.*

Au ſixième commandement, répété par les Chefs de bataillon & de peloton, les pelotons de l'aile droite marcheront au *pas redoublé* par le flanc gauche, & les pelotons de l'aile gauche par le flanc droit, conduits chacun par leur Chef.

PLANCHE XII.

Les Chefs de tous les pelotons de la tête qui viennent
succeſſivement prendre rang dans la colonne, en paſſant
pardevant le peloton de direction, commanderont *halte*,
pour arrêter leur flanc gauche; enſuite par un à gauche,
ils ſe mettront de leur perſonne en file des deux Officiers
qui ſont placés à l'aile gauche des deux pelotons de direction : ils ne commanderont *front*, & ne l'exécuteront
eux-mêmes, que lorſque tous les pelotons de la tête auront
pris rang dans la colonne, & ſur le commandement qui
leur en ſera fait par le Commandant en chef.

Les Chefs des pelotons qui viennent succeſſivement
prendre rang dans la colonne, en paſſant derrière le
le peloton de direction, ſe conformeront à ce qui eſt
preſcrit à la fin de l'article 5 de ce titre, pour les changemens de poſition de pied ferme.

La colonne étant formée, on lui fera les commandemens pour ſe mettre en bataille, en ſe conformant à ce
qui eſt preſcrit au titre 9.

Changement de poſition central à droite, la gauche en tête.

Le peloton choiſi pour peloton de direction, recevra
du Commandant en chef le point de vue en avant : le
Chef de ce peloton le placera perpendiculairement ſur
la nouvelle ligne de direction, & ſe portera au pivot
droit.

Le peloton qui dans la ligne étoit à la droite de celui
de direction, ſe placera tout de ſuite parallèlement &
derrière ce peloton : ſon Chef ſe portera au pivot droit,
& ſe mettra à ſon Chef de file ſur le point de vue en
avant, & ſur l'Officier de l'aile droite du peloton de
direction.

Ces diſpoſitions faites, on fera les commandemens
pour rompre la ligne à gauche.

1.

 Changement de position central, la gauche en tête.

2.

Par peloton == à gauche.

3.

Marche.

4.

Halte, alignement.

5.

A gauche & à droite.

6.

Marche.

Aux quatre premiers commandemens, on rompra *à gauche*, comme on s'est rompu à *droite*.

Au cinquième commandement, les deux pelotons de direction ne bougeront pas; les pelotons de l'aile gauche feront *à droite*, les pelotons de l'aile droite feront *à gauche*.

Au sixième commandement, les pelotons de l'aile gauche, marchant par le flanc droit, viendront successivement prendre rang dans la colonne en avant du peloton de direction.

Les Chefs de ces pelotons commanderont *halte*, pour arrêter leur flanc droit, ensuite, par un *à droite*, ils se mettront, de leur personne, en file des deux Officiers qui sont placés à l'aile droite des deux pelotons de direction, jusqu'à ce que la colonne soit formée, & qu'il leur soit commandé de faire *front*.

Les pelotons de l'aile droite marchant par le flanc gauche, viendront successivement prendre rang dans la colonne, derrière le peloton de direction, & se conformeront à ce qui a été prescrit à la fin de l'article 5 de ce titre, pour les *changemens de position de pied ferme*.

Le Commandant en chef fera ensuite les commandemens pour reformer la colonne en bataille, ou pour la faire marcher en avant sur cette nouvelle direction : ces mouvemens serviront aussi pour changer la direction d'une colonne. Une

Une colonne qui ayant fa gauche en tête, devra faire un changement de pofition central à gauche, la droite en tête, exécutera d'abord la contre-marche, en obfervant du refte ce qui a été prefcrit ci-deffus.

On commandera :

Contre-marche.

A ce commandement, répété par les Chefs de bataillon, les Chefs de peloton feront les commandemens *à droite*, *marche*, & les feront exécuter ainfi qu'il eft prefcrit au titre 5, article 3.

On exécuteroit de même la contre-marche, fi une colonne ayant fa droite en tête devoit faire un changement de pofition central à droite, la gauche en tête.

Lorfqu'un Régiment ou plufieurs feront fur deux lignes, & qu'on fera exécuter un changement de pofition à la première ligne, la deuxième fuivra le mouvement de la première, en exécutant fon changement de pofition par une aile ou par l'autre, ou par le centre, fur le peloton qui fera indiqué relativement à l'intervalle qui doit féparer les deux lignes, & au mouvement que la première aura à faire. On n'entre pas dans un plus grand détail fur les différentes combinaifons que peuvent préfenter ces mouvemens fur deux lignes, parce qu'ils appartiennent généralement aux grands mouvemens d'une armée.

Dans ces exemples, le Commandant en chef n'eft affujetti qu'au choix du point de vue en avant. L'Inftruction ne prefcrit pour point de vue en arrière, que celui que le hafard fournit par la pofition du point de vue en avant, & la place qu'occupe le Chef du premier peloton de la droite ou de la gauche.

On n'a pas voulu furcharger l'inftruction particulière des Régimens, des précautions préparatoires qui font indiquées au titre 9, article premier, & qu'il auroit fallu répéter chaque fois qu'on auroit recommencé un mouvement ; mais comme tout mouvement a pour objet, à la guerre, d'occuper une poſition preſcrite par la nature du terrain, ou par la direction que l'on veut donner à ſa ligne pour attaquer ou pour ſe défendre, & qu'elle eſt aſſujettie, pour appuyer ſes flancs, à des objets que le Général doit déterminer, il choiſira, lorſqu'il le jugera à propos, les points d'alignement de ſa droite & de ſa gauche ; fera chercher par ſes Aides-de-camp les points intermédiaires, par les moyens indiqués titre 9, article premier, & commandera enſuite les mouvemens néceſ-ſaires pour venir occuper cette nouvelle poſition.

A R T I C L E 7.

PLANC. XIV. *Changement de front en marchant par le front des pelotons.*

POUR changer de front à droite, on commandera :

1.

Changement de front à droite = par peloton.

2.

Pas redoublé = marche.

Ces deux commandemens ſeront répétés par les Chefs de bataillon.

Au premier commandement, chaque Chef de peloton avancera un peu l'épaule gauche, pour faire face à la direc-tion dans laquelle il doit marcher ; il commandera *alignement*, & chaque peloton déboîtera par ſon aile gauche, en s'alignant ſur ſon Chef.

Au ſecond commandement, répété auſſi par les Chefs de peloton, tous les pelotons marcheront le *pas redoublé* : le Chef de chaque peloton ſe dirigeant ſur la file gauche du pelo-ton qui le précédera, portera ſon peloton ſur le nouvel ali-gnement du premier peloton, dont on aura dirigé l'aile gauche ſur un point de vue choiſi ; en arrivant à un pas de l'alignement, chaque Chef de peloton ſe conformera à ce qui a été preſcrit au titre 9, article 3.

Pour changer de front à gauche.

On commandera :

1.

Changement de front à gauche = par peloton.

2.

Pas redoublé = marche.

Au premier commandement, chaque Chef de peloton se portera lestement à l'aile gauche de son peloton ; en y arrivant, il avancera l'épaule droite, & commandera : *à gauche = alignement.*

Au second commandement, il se conformera, tant en marchant qu'en arrivant sur le nouvel alignement, à ce qui a été prescrit pour le changement de front à droite, excepté qu'après avoir fait aligner à gauche, il repassera à sa place ordinaire, au commandement *tête = à droite*, fait par le Chef de bataillon.

TITRE XIII.

Des Déployemens des Colonnes serrées.

ARTICLE PREMIER.

Règles générales pour les commandemens des Colonnes serrées, & principes généraux des Déployemens.

TOUTE Troupe serrée en masse exécutera tous ses mouvemens au commandement du Commandant en chef ; les Chefs de bataillon avertiront seulement, à demi-voix, leur bataillon du mouvement qu'il aura à faire.

Le Commandant en chef déterminera d'avance, autant que les circonstances le permettront, les points de direction de sa droite & de sa gauche, par les moyens prescrits, titre 9, article premier.

Lorsqu'une colonne approchera du terrain sur lequel elle devra se déployer, le Commandant en chef fera le commandement :

Serrez à demi - distance.

A ce commandement, répété par les Chefs de bataillon, la tête de la colonne continuant de marcher le *pas ordinaire*, les Chefs de peloton commanderont, *pas redoublé = marche* ; tous les pelotons prendront le *pas redoublé* : à mesure que chacun sera serré à demi-distance, il reprendra le *pas ordinaire*, au commandement de son Chef.

Lorſque les derniers pelotons de la colonne auront ſerré à demi-diſtance, le Commandant en Chef commandera :

1.

Formez les diviſions.

2.

Marche.

Le premier commandement ſera répété par les Chefs de bataillon.

Au ſecond commandement, répété par les Chefs de bataillon & de peloton, les pelotons impairs marcheront obliquement *à droite*, les pelotons pairs marcheront obliquement *à gauche*.

Dès que les pelotons d'une même diviſion ſe feront reſpectivement démaſqués, les Chefs de peloton qui feront en avant, commanderont, *en avant = marche*, en même temps que les Chefs des pelotons qui feront en arrière, commanderont, *pas redoublé = marche*, pour ſe porter à côté des pelotons qui ſont en avant d'eux, & en reprendre le pas, en commandant, *pas ordinaire = marche*.

Les diviſions étant formées, les Chefs de diviſion ſe tiendront un pas en avant du centre de la diviſion, ayant derrière eux, au premier rang, le Chef du ſecond peloton de la diviſion. Le Chef du huitième peloton de chaque bataillon ſera ſeul excepté de cette règle générale, & reſtera à ſa place ordinaire au flanc gauche de ſon peloton. Le Commandant en chef commandera alors :

Serrez en maſſe.

A ce commandement, répété par les Chefs de bataillon, les Chefs de diviſion commanderont, *pas redoublé = marche*, & feront ſerrer tout de ſuite leur diviſion à deux pas de diſtance : les Officiers, Fourriers & Sergens de ſerre-file ſerreront contre le troiſième rang de leur diviſion ; la tête de la colonne continuera de marcher au pas ordinaire, & chaque diviſion ſe conformera à ce pas, au commandement de ſon Chef, à meſure qu'elle ſera ſerrée à la diſtance preſcrite.

En

En cas d'abfence du Chef de divifion, il fera remplacé par l'Officier de la divifion le plus ancien en grade; tous les autres refteront à leur place dans leur peloton.

Lorfque le Commandant en chef commandera *halte*, toutes les divifions qui feront déjà en maffe arrêteront à fon commandement; celles qui ne feront point ferrées, n'arrêteront qu'au commandement de leur Chef, à mefure qu'elles feront ferrées.

Le Commandant en chef placera d'avance deux Tambours dans la direction des points d'alignement de fa droite & de fa gauche, & il arrêtera toujours la divifion de la tête de la colonne, immédiatement derrière ces deux Tambours, qui feront face en avant, & qui feront diftans l'un de l'autre du front d'une divifion.

Si les circonftances ne lui ont pas permis de déterminer ces deux points, il donnera à ces deux Tambours la direction la plus conforme à fes vues, & verra, en paffant alternativement à leur droite & à leur gauche, fur quels points porte fa direction, afin de les indiquer à l'Officier qui menera le déployement de la divifion de la tête, & aux Chefs de bataillon qui fe feront portés auprès du Commandant en chef, pour recevoir de lui les points de direction.

Toutes les fois que la divifion de la tête de la colonne ne fera point la divifion d'alignement, la divifion défignée, auffitôt qu'elle fera démafquée, fe portera au pas ordinaire fur le terrain qu'occupoit la divifion de la tête de la colonne, pour fe placer contre & en arrière des deux Tambours, de manière que, l'alignement pris, les points de direction fe trouvent précifément en avant du front. Ces Tambours rejoindront leur bataillon, auffitôt que cette divifion fera alignée.

Toutes les fois qu'une colonne aura fa droite en tête, les divifions auront la tête à gauche, foit en ferrant, foit après avoir ferré, & jufqu'au commandement *halte* : on obſervera l'inverſe dans une colonne ayant ſa gauche en tête.

Cette règle ſera généralement obſervée, excepté dans les cas où pluſieurs colonnes marchant à même hauteur feront obligées de ſe régler les unes ſur les autres.

Le Commandant en chef indiquera alors de quel côté la tête devra être tournée.

Si une colonne ayant ſa droite en tête, arrive parderrière la droite du terrain qu'elle doit occuper en bataille, elle ſe déployera ſur ſa première diviſion, & toute entière par ſa gauche.

Et ſi cette colonne avoit ſa gauche en tête, elle ſe déployeroit également toute entière par ſa gauche, mais ſur la dernière diviſion de la colonne.

Si une colonne ayant ſa droite en tête, arrive parderrière la gauche du terrain qu'elle doit occuper en bataille, elle ſe déployera ſur ſa dernière diviſion, & toute entière par ſa droite.

Et ſi cette colonne avoit ſa gauche en tête, elle ſe déployeroit également toute entière par ſa droite, mais ſur la première diviſion de la colonne.

Si une colonne ayant ſa droite en tête, arrive ſur une autre portion du terrain qu'elle doit occuper en bataille, le Commandant en chef déſignera la diviſion qui devra ſervir de diviſion d'alignement, ſuivant la quantité de bataillons qui devra ſe porter à droite ou à gauche : toutes les diviſions de la tête qui devront déployer par la droite, feront *à droite*; les diviſions de la queue qui devront déployer par la gauche, feront *à gauche*, au commandement du Commandant en chef ; & ſi cette colonne avoit ſa gauche en tète, les diviſions de la tête ſe déployeroient par leur gauche, & les diviſions de la queue ſe déployeroient par leur droite.

On évitera avec le plus grand ſoin d'invertir l'ordre des Compagnies dans les bataillons ; mais lorſque les circonſtances l'exigeront, on invertira l'ordre des bataillons dans les régimens, l'ordre des régimens dans les brigades, l'ordre des brigades dans la ligne.

Les déployemens ſe feront toujours au *pas redoublé*. Auſſitôt que les diviſions auront fait *à droite* ou *à gauche*, l'Officier de ſerre-file le plus près du flanc par lequel ſa diviſion devra marcher, s'il ne s'y trouve pas d'Officier ou de Bas-officier, ſe portera à ce flanc devant l'homme du premier rang : cet Officier de ſerre-file comptera un nombre de pas égal au front de ſa diviſion, en commençant à compter ſon premier pas au commandement *halte*, fait à la diviſion qui déploye avant la ſienne. Le Chef de chaque diviſion aura attention de commander *halte*, auſſitôt qu'il verra que ſa diviſion ſera à hauteur du terrain qu'elle doit occuper en bataille.

Les Aides-major & Sous-aides-major de chaque bataillon ſuivront le déployement, & remédieront promptement aux plus petites irrégularités dans les diſtances, de manière que, ſi une diviſion avoit pris plus ou moins de diſtance qu'il ne lui en faut, la faute ne ſe communiquât pas ſucceſſivement à toutes les diviſions de la colonne.

Pour que ces Officiers-majors puiſſent remédier aux irrégularités du déployement, il faut qu'ils ſe tiennent ſur le front du déployement, dans la partie qui déploye ſur ſa première diviſion, & derrière le déployement dans la partie de la colonne qui ſe déploye ſur la dernière diviſion.

E X E M P L E.

Déployement d'une colonne de deux bataillons ayant PLANC. XV.
ſa droite en tête, arrivant par le centre du terrain
qu'elle doit occuper après le déployement.

Les points de vue choiſis, la Compagnie de Grenadiers du premier bataillon étant alignée, les deux Tambours étant placés, les points de direction étant indiqués aux Chefs de bataillon, le Commandant en chef commandera :

1.

Sur la quatrième division du premier bataillon, deployez la colonne.

2.

A droite & à gauche.

3.

Marche.

Au second commandement, la Compagnie de Grenadiers & les trois premières divisions du premier bataillon feront *à droite*; le second bataillon fera *à gauche*; la quatrième division du premier bataillon ne bougera pas : le Capitaine de Grenadiers du premier bataillon se placera à côté de l'homme de droite de sa Compagnie, faisant face au point de vue de la droite; il choisira sur le champ quelques points intermédiaires sur le terrain, entre l'objet indiqué & lui même.

Au troisième commandement, toutes les divisions qui auront fait *à droite*, marcheront par leur flanc droit, les Officiers de serre-file placés à ce flanc s'alignant, & observant à gauche la distance de deux pas; les divisions qui ont fait *à gauche*, marcheront par le flanc gauche; les Officiers de serre-file placés à ce flanc s'aligneront, & observeront leur distance à droite.

Aussitôt que la troisième division du premier bataillon aura marché un nombre de pas égal à son front, son Chef lui commandera, *halte, front, tête = à gauche*, en se portant un pas en avant de la gauche de sa division.

Aussitôt que la quatrième division du premier bataillon sera démasquée, son Chef qui se sera placé en avant de l'aile gauche, lui commandera, *marche*, & la portera au pas ordinaire sur l'alignement de la division de la tête : le Chef de la troisième division attendra, pour lui commander *marche*, qu'elle soit démasquée par la seconde division ; le déployement continuant ainsi pour chaque division de la droite, qui se portera successivement par échelons au pas ordinaire sur le nouvel alignement. A mesure que chaque division de droite arrivera à un pas

du

du nouvel alignement, fon Chef lui commandera, *halte*, *à gauche = alignement*, en fe conformant à ce qui eft prefcrit au titre 9, article 3. La Compagnie de Grenadiers du premier bataillon, fi elle a été correctement dirigée fur le point de vue de droite, fera *halte*, *front*, & s'alignera à gauche, au commandement de fon Officier. Le Chef du bataillon, en fe portant à mefure le long du front, dirigera l'alignement de fon bataillon fur le point de vue de droite. Le bataillon étant aligné, les Chefs de divifion fe porteront à leur place ordinaire au commandement *tête = à droite*, fait par le Chef de bataillon.

Pendant que ceci s'exécute par la droite, la première divifion du fecond bataillon, après avoir marché un nombre de pas égal à fon front, & aux fix toifes néceffaires pour l'intervalle entre les bataillons, fera *halte*, *front*, au commandement de fon Chef, qui fe portera un pas en avant de la droite : auffitôt il lui commandera, *marche*; elle fe redreffera en marchant, pour fe mettre parallèlement à la nouvelle ligne de direction. La feconde divifion, la troifième, la quatrième, & la Compagnie de Grenadiers, fe conformeront à ce qui vient d'être prefcrit pour la première divifion de ce bataillon. Toutes ces divifions, en fe déployant, marcheront un peu obliquement à droite, en obfervant fur-tout de refter toujours un peu en arrière de la nouvelle ligne de direction. A mefure que chaque divifion arrivera à un pas du nouvel alignement, fon Chef lui commandera, *halte*, *alignement*. Le Chef du fecond bataillon dirigera l'alignement vers le point de vue de gauche, ainfi qu'il a été prefcrit pour le Chef du premier bataillon; & s'il n'y en avoit pas d'indiqué, il fe conformeroit à l'alignement du premier bataillon, en fe retournant de temps en temps pour en fuivre la direction.

Une colonne rompue par la droite, ou par la gauche, devant fe déployer pour faire *front* par fon premier rang du côté oppofé à fa marche, fera la contre-marche, foit

par peloton, soit par division, mais exécutera ce mouvement avant d'avoir serré en masse.

La contre-marche exécutée, le Commandant en chef
fera serrer à demi - distance , si la colonne marchoit
avant le mouvement, avec distance entière entre les pelotons; fera former les divisions, si la colonne étoit encore
par peloton, & ensuite serrer en masse.

Il fera ensuite déployer , en se conformant à ce qui
vient d'être prescrit.

Si l'on se trouvoit sur deux colonnes composées, l'une
des droites de première & seconde lignes, l'autre des
gauches de première & seconde lignes, le Commandant
en chef déterminera les points de vue pour la première
ligne, indiquera la colonne qui devra servir de direction,
& fixera combien de bataillons de chaque colonne devront se déployer par la droite, & combien par la gauche.

Deux Aides-major chercheront aussitôt les points de
vue intermédiaires, & se placeront de façon à marquer
exactement la distance nécessaire en proportion du nombre de bataillons qui devront se déployer pour remplir
le vuide qui est entre les deux colonnes.

Si la colonne de droite sert d'alignement, le Chef de
file dans les autres colonnes se prendra par la gauche,
de quelque manière que les colonnes aient été formées,
& les Commandans en chef de ces colonnes se placeront
à la gauche de la division de la tête, pour la tenir alignée
sur la tête de la colonne de droite. On observera l'inverse , lorsque la colonne de gauche servira d'alignement. Les têtes des colonnes de la seconde ligne observeront pendant la marche la distance qui leur sera prescrite,
& se déployeront ensuite parallèlement à la première. Le
reste s'exécutera comme il a été dit ci-dessus.

Cette Instruction n'ayant pour objet que de mettre
chaque Régiment en état d'exécuter tous les mouvemens
qui lui seront prescrits, soit en ligne, soit dans les manœu-

vres d'armée, on n'y traite pas des moyens dont il faut se fervir pour mettre en bataille plufieurs colonnes par un mouvement général, foit dans un ordre oblique, foit dans un ordre par échelons, ces différentes combinaifons étant du reffort des Généraux, & ne pouvant être traitées que dans une inftruction qui embrafferoit les grands mouvemens des armées.

ARTICLE 2.

Déployement d'une colonne ferrée, en commençant PLANC. XVII *par placer les bataillons à côté les uns des autres, chaque bataillon reftant en colonne.*

Une colonne ferrée en maffe, de quelque nombre de bataillons qu'elle foit compofée, & formée par divifion, devant déployer fur un terrain qui manqueroit de profondeur, & qui ne permettroit pas aux divifions de la queue de fe porter par la diagonale fur le nouvel alignement, fe déployera de la manière fuivante.

Dans cet exemple, on a fuppofé une colonne de quatre bataillons.

On commencera par placer les quatre bataillons en colonne à côté les uns des autres, par les moyens fuivans.

Le Commandant en chef défignera le bataillon d'alignement. Dans cet exemple, ce fera le troifième. Le Commandant en Chef commandera :

1.

Par bataillon en maffe, fur le troifième bataillon déployez la colonne.

2.

A droite & à gauche.

3.

Marche.

Au fecond commandement, le premier & le deuxième bataillon feront *à droite*, le quatrième fera *à gauche*, le troifième ne bougera.

Au troifième commandement, le premier & le deuxième marcheront par le flanc droit. Auffitôt que le deuxième aura démafqué le troifième, on lui commandera *halte, front, tête = à gauche* : le Chef du troifième bataillon commandera en même temps *marche* à ce bataillon, qui, avec la tête à gauche, avancera au pas ordinaire, & s'arrêtera fur l'alignement du premier rang du premier bataillon, marqué par deux Tambours.

Le deuxième bataillon étant démafqué par le premier, avancera de même, pour fe porter & s'arrêter fur l'alignement.

Le premier bataillon, après avoir démafqué le deuxième, fera *halte, front, à gauche = alignement*, & s'alignera aux deux autres.

Le quatrième bataillon, après avoir fait *à gauche*, marchera par fon flanc, pour fe démafquer de derrière le troifième ; lorfqu'il fe fera démafqué, fon Chef lui commandera *halte, front, marche*, pour fe porter au pas ordinaire, & s'arrêter fur l'alignement par les commandemens *halte, alignement*.

Les Compagnies de Grenadiers dans les bataillons impairs, les premières divifions dans les bataillons pairs, feront alors fur le même alignement, & feront chacune fuivie par les autres divifions dans l'ordre qu'elles ont dans les bataillons.

On portera les quatre bataillons joints les uns aux autres fur le terrain fur lequel on voudra les déployer, & ils feront ainfi fufceptibles de l'être fur telle divifion qu'on jugera à propos, fuivant le terrain qu'on aura à occuper fur la droite ou fur la gauche. Dans cet exemple, ils feront fuppofés arrivans fur le terrain du déployement, n'ayant de place à gauche que pour deux bataillons.

En arrivant fur le terrain où doit fe faire le déployement, tout fera *halte*, & s'alignera *à droite* : le Commandant en chef veillera de la droite à ce que l'alignement foit dirigé fur le point de vue de la gauche.

Il

Il placera deux Tambours fur le front de la première division du bataillon dans lequel fe trouvera la division d'alignement. Dans cet exemple, la Compagnie de Grenadiers du fecond bataillon fera division d'alignement.

Les deux premiers bataillons fe déployeront fur leur dernière division ; les deux derniers fur leur première.

Le Commandant en chef commandera :

1.

Sur la Compagnie de Grenadiers du fecond bataillon, déployez la colonne.

2.

A droite & à gauche.

3.

Marche.

Au deuxième commandement, les deux premiers bataillons feront *à droite*, excepté la Compagnie des Grenadiers du fecond bataillon. Les troifième & quatrième feront *à gauche*.

Les Chefs de toutes les premières divifions, ou des Compagnies de Grenadiers qui feront en tête, fe porteront tout de fuite au côté gauche de leur homme de droite, dans les bataillons qui auront fait *à droite*, au côté droit de leur homme de gauche, dans les bataillons qui auront fait *à gauche*, & feront face du côté par lequel ils devront déployer ; ils feront remplacés par le Sergent du troifième rang. Ils régleront le pas de leur bataillon, en fe conformant eux-mêmes au pas de l'Officier qui conduira le bataillon qui les précède.

Au troifième commandement, tout fe mettra en marche par le flanc droit & gauche, le premier rang fe dirigeant fur le point de vue, en le laiffant un peu découvert.

La Compagnie de Grenadiers du troifième bataillon, après avoir marché un nombre de pas fuffifant pour donner l'intervalle du bataillon, s'arrêtera, fera *front*, & s'alignera à droite au commandement de fon Chef : les quatre autres divifions de ce même bataillon fe porteront par la ligne la plus courte fur l'alignement ordonné : à mefure qu'elles fe feront fucceffivement démafquées, elles se conformeront dans chaque bataillon à ce qui a été pref-crit pour le déployement par la gauche.

Au commandement *halte*, fait à la quatrième division du troisième bataillon, la première division du quatrième marchera dix-huit pas pour donner l'intervalle du batail-lon : son Chef lui commandera *halte*, *front*, *alignement*, pour s'aligner à droite. Les autres divisions se conforme-ront ensuite à ce qui vient d'être prescrit pour celles du troisième bataillon.

En même temps que ceci s'exécutera par la gauche pour le troisième & le quatrième bataillon, la Compagnie de Grenadiers du deuxième bataillon, qui seule n'a pas bougé, attendra qu'elle soit démasquée : aussitôt qu'elle le fera, elle se portera avec la tête à gauche, sur l'a-lignement ordonné. Lorsque l'Officier qui la comman-dera prononcera *marche*, le Chef de la quatrième divi-sion, qui aura commandé *halte* lorsque cette division aura marché le nombre de pas suffisant pour démasquer la Compagnie de Grenadiers, commandera *halte*, *front*, *tête* ═ *à gauche*, & attendra dans cette position qu'il soit démasqué par la troisième division; ainsi de suite, jusqu'à ce que la première division du second bataillon ait fait *halte* & *front*

Lorsque le Chef de cette division commandera *halte*, la quatrième division du premier bataillon marchera dix-huit pas pour l'intervalle du bataillon, fera ensuite *halte*, *front*, *tête* ═ *à gauche*, au commandement de son Chef, & se portera sur l'alignement du second bataillon, lors-qu'elle sera démasquée.

Les autres divisions se conformeront à ce qui vient d'être expliqué pour toutes celles du second bataillon; de manière que dans la partie qui déployera à droite, le déployement commencera par la dernière division, ou les Grenadiers de la queue dans chaque bataillon, tandis que, dans la partie qui déployera par la gauche, le déployement commencera dans chaque bataillon par la division ou les Grenadiers de la tête.

Chaque Chef de bataillon se placera à mesure dans l'intervalle de son bataillon, dirigeant l'alignement sur le point de vue de gauche dans les bataillons qui s'aligneront à droite, & sur le point de vue de droite dans les bataillons qui s'aligneront à gauche.

Ce déployement, en apportant les bataillons à côté les uns des autres, peut servir pour éviter l'inversion dans le cas où une colonne ayant sa droite en tête, devroit déployer par la droite pour déborder la gauche de l'ennemi, ou dans le cas où une colonne ayant sa gauche en tête, devroit déployer par sa gauche pour déborder la droite de l'ennemi. Dans chacun de ces deux cas, le déployement commenceroit successivement dans chaque bataillon par la division de la queue.

ARTICLE 3.

Pour prendre les distances par la queue de la colonne.

LORSQU'UNE colonne formée par sa droite, étant d'abord serrée en masse pour se déployer en avant, croyant l'ennemi devant elle, sera ensuite forcée, par les circonstances, de se mettre en bataille pour faire face à gauche, en se prolongeant dans la direction de sa marche, le Commandant en chef, après avoir arrêté sa colonne, commandera : PLANC. XVII.

1.

Par la queue de la colonne prenez vos distances.

2.

Pas redoublé = marche.

Au premier commandement, le Commandant en chef se portera à la queue de la colonne, indiquera à la tête & aux Chefs de division, ou peloton, qui se porteront tout de suite sur les pivots gauches, un point de vue en avant, sur lequel ils se dirigeront.

Au deuxième commandement, toute la colonne prendra le *pas redoublé*, à l'exception de la dernière division ou peloton de la queue de la colonne, qui restera de pied ferme. Chaque Chef de division, après avoir reçu de celle qui est devant lui, la distance nécessaire, lui commandera, en la nommant par son numéro, *division*, *halte*; & le Chef de cette dernière division commandera aussitôt *à gauche* = *alignement*.

A mesure que les divisions se trouveront de pied ferme, chaque Chef de division, après avoir fait arrêter celle qui précédoit la sienne, fera *demi-tour à droite*, pour se mettre en file sur les Chefs de division de la queue de la colonne.

Aussitôt qu'un bataillon ou demi-rang aura pris sa distance, il pourra se mettre en bataille, si le cas l'exige. On se conformera, pour se mettre en bataille, à ce qui a été prescrit au titre 9, article 2.

Si cette colonne, formée par la droite, est obligée de faire face à droite, aussitôt que chaque division aura pris sa distance, son Chef lui commandera, *demi-tour* = *à droite*: il se portera alors sur le pivot gauche, pour prendre le Chef de file.

Sur le commandement *à gauche en bataille*, les Serre-files passeront promptement derrière la division.

Au commandement *marche*, les divisions feront un mouvement de *conversion à gauche*, s'aligneront à droite après le mouvement de conversion fini, & auront alors leur troisième rang pour premier.

Cette règle servira de principe général pour éviter l'inversion des Compagnies dans le bataillon, dans les cas de même espèce qui pourront se rencontrer.

La colonne formée par la gauche exécutera, dans chacun des deux cas précédens, les mouvemens contraires.

<h3 style="text-align:center">A R T I C L E 4.</h3>

Formation des Colonnes serrées.

Règles générales.

Si un Régiment en bataille doit se former en colonne serrée

ferrée fur la divifion de droite, & doit avoir fa droite en tête, toutes les divifions prendront rang dans la colonne fucceffivement derrière la première divifion, & fe déboîteront à droite au troifième commandement.

Si dans le même cas la gauche doit être en tête, elles prendront rang dans la colonne pardevant la première divifion, & fe déboîteront à gauche au troifième commandement.

Si un Régiment en bataille doit fe former en colonne ferrée fur la divifion de gauche, & avoir fa gauche en tête, les divifions prendront rang derrière cette divifion, & fe déboîteront fur la gauche au troifième commandement.

Si dans le même cas la droite doit être en tête, les divifions prendront rang devant la divifion de direction, & fe déboîteront fur la droite au troifième commandement.

Si la colonne doit fe former fur une des autres divifions de la ligne, & avoir fa droite en tête, les divifions de l'aile droite prendront rang dans la colonne devant la divifion de direction, & les divifions de l'aile gauche derrière cette même divifion.

Si la colonne doit fe former fur une des autres divifions de la ligne, & avoir fa gauche en tête, les divifions de l'aile droite prendront rang derrière la divifion de direction, & les divifions de l'aile gauche devant cette même divifion. Tous ces mouvemens s'exécuteront toujours au *pas redoublé*.

Commandemens pour la formation des Colonnes ferrées.

I.

La droite ou *la gauche en tête, fur telle divifion formez la colonne.*

H h

2.

A droite ou *à gauche.*

ou

A droite & à gauche.

3.

Marche.

PLAN. XVIII. *EXEMPLE d'une Colonne ferrée de deux bataillons, formée fur le centre avec fa droite en tête.*

On commandera :

1.

La droite en tête, fur le huitième peloton du premier bataillon formez la colonne.

2.

A droite & à gauche.

3.

Marche.

Ces trois commandemens feront répétés par les Chefs de bataillon, chacun pour ce qui les concerne.

Au premier commandement, le Chef du huitième peloton du premier bataillon fe portera deux pas en avant du centre de fon peloton.

Au fecond commandement, les pelotons du fecond bataillon feront *à droite*; les fept premiers du premier bataillon feront *à gauche*, & les premières files fe déboîteront deux pas fur la droite.

Au troifième commandement, chaque peloton, conduit par fon Chef qui fera venu au fecond commandement fe placer contre la première file du flanc par lequel fon peloton devra marcher, viendra fe former fucceffivement ; ceux qui ont fait *à gauche*, en avant du peloton de direction qui n'a pas bougé ; ceux qui ont fait à droite, derrière ce même peloton , pour prendre fucceffivement rang dans la colonne, en obfervant deux pas de diftance d'un peloton à l'autre.

A mefure que la file gauche de chaque peloton qui vient fe former en avant, arrivera à hauteur de la file gauche du

peloton de direction, fon Chef lui commandera, *halte* , *front,*
à gauche = alignement , & faifant face à fa Troupe , il alignera
la file gauche de fon peloton fur les files gauches des pelotons
placés avant le fien dans la colonne.

A mefure que la file droite de chacun des pelotons qui
viennent prendre rang dans la colonne derrière le peloton de
direction , arrivera à hauteur de la file droite des pelotons
placés dans la colonne , fon Chef lui commandera, *halte, front,*
à gauche = alignement, en fe portant lui - même à l'aile
gauche pour rectifier l'alignement en file.

Cet alignement exactement pris, les Chefs de peloton
fe porteront au centre de leur peloton, comme il eft expliqué à l'article premier de ce titre.

Cette colonne pouvant fervir de manœuvre de profondeur contre la Cavalerie , le Commandant en chef
déterminera la pofition des Compagnies de Grenadiers,
foit aux angles , foit fur les flancs, foit en avant, foit en
arrière de la colonne , par-tout où il le jugera néceffaire.

Une colonne ainfi ferrée traverfant une plaine , & fuivie par de la Cavalerie d'affez près pour être obligée de
s'arrêter, fera alors *front* du côté de l'ennemi.

S'il eft en tête, la divifion de la tête fera le *feu de*
deux rangs, en le commençant par la droite de chaque
peloton, au commandement du Commandant en chef.

S'il eft fur les flancs , le chef de peloton & le Serre-
file , ou les Sergens qui fe trouveront le plus près du
flanc, rempliront les intervalles des divifions, en s'alignant
aux premières files devenues premier rang ; les Porte-
drapeaux , avec chacun un Sergent de leur efcorte, fe
placeront avec les autres Serre-files du peloton qui les
précède.

Les trois premiers rangs des flancs feront le *feu*
de deux rangs , au commandement du Commandant en
chef, en le commençant par la droite & la gauche de
chaque flanc de la colonne.

Si la colonne eft obligée de faire *feu* des quatre côtés,

la division de la tête & celle de la queue feront face en dehors, & tireront comme il vient d'être expliqué, après que les Serre-files de la division de la queue se feront portés entre la dernière & l'avant-dernière division : chaque flanc fera le *feu* prescrit ci-dessus ; & lorsque l'ennemi sera supposé arriver sur la colonne, le premier rang lui présentera la bayonnette, en mettant *en joue*, sans mettre genou en terre, & restera dans cette position jusqu'à ce que la Cavalerie soit retirée.

Les Serre-files de l'intérieur de la colonne maintiendront l'ordre dans la colonne.

Aussitôt que la colonne pourra continuer sa marche, elle cessera le *feu*, & marchera.

Les Tambours se placeront entre le premier & le second bataillon, sur deux rangs ; & en formant la colonne, on leur laissera la distance nécessaire.

PLANC. XIX.   Cette colonne étant formée par division ou par peloton, on la fera ouvrir de la manière suivante : la droite étant en tête, la colonne étant arrêtée & faisant face en avant, le Commandant en chef commandera :

1.

Ouvrez la colonne.

2.

Les deux divisions de la tête & les deux divisions de la queue ne bougent.

3.

A droite & à gauche.

4.

Marche.

5.

Halte = front.

Au troisième commandement, les pelotons de la droite feront *à droite* ; les pelotons de la gauche feront *à gauche* ; les deux divisions de la tête & les deux divisions de la queue ne bougeront pas.

Au

Au quatrième commandement, les pelotons de l'aile droite avec la tête à gauche, & ceux de l'aile gauche avec la tête à droite, marcheront par le flanc un nombre de pas égal à la moitié de leur front.

Au cinquième, les pelotons arrêteront, & feront face à la tête de la colonne.

Les Officiers supérieurs, ceux de l'Etat-major, & les Tambours passeront dans le vuide de la colonne.

Si la colonne doit marcher en avant, le Commandant en chef commandera :

1.

Colonne en avant.

2.

Marche.

Au second commandement, qui, comme les autres, ne sera fait que par le Commandant en chef, la colonne marchera en avant, les divisions de la tête & de la queue de la colonne porteront la tête au centre de leur division. Les pelotons du flanc droit porteront la tête à gauche, & les pelotons du flanc gauche, la tête à droite, afin que les deux files qui dans chaque côté se trouvent être la file intérieure de la colonne, se dirigent toujours sur la file du centre de chacun des deux pelotons qui en ont la tête.

Si une colonne ainsi ouverte est obligée de s'arrêter & de faire face des quatre côtés, le Commandant en chef commandera :

1.

Colonne ═ halte.

2.

Face ═ en dehors.

Au premier commandement, la colonne arrêtera.

Au second, les deux divisions de la tête ne bougeront pas, les deux divisions de la queue feront *demi-tour à droite*, les pelotons du flanc droit feront *à droite*, les pelotons du flanc gauche feront *à gauche*.

Les pièces de Régiment seront placées dans les angles, & les quatre faces de la colonne feront *feu de deux rangs*,

& préfenteront la baïonnette, comme il eſt preſcrit ci-deſſus.

Le Commandant en chef fera fermer la colonne par les mouvemens contraires.

Si la colonne étoit formée par peloton, les deux pelotons de la tête & les deux pelotons de la queue ſe conformeroient à ce qui a été preſcrit pour les deux diviſions de la tête & les deux diviſions de la queue. Dans le reſte de la colonne, on exécuteroit par ſection ce qui vient d'être preſcrit par peloton.

TITRE XIV.
Paſſage du Défilé.
ARTICLE PREMIER.
Paſſage du Défilé en avant.

PLANC. XX. S'IL ſe trouve un pont ou un défilé en avant d'une ligne qui marche en bataille, on commandera :

Par files en avant = paſſez le défilé.

Les files qui ſe trouveront vis-à-vis le pont ou le défilé, marcheront droit en avant ; l'aile droite fera *halte & à gauche*, l'aile gauche *halte & à droite*, par les commandemens indiqués au paſſage de l'obſtacle, & chacune ſuivra par le flanc les files de la tête, dont le nombre ſera déterminé par la largeur du défilé.

Dès que la tête ſera hors du défilé, & que le Général voudra la faire mettre en bataille, les files de la tête s'arrêteront, & les autres ſe mettront ſucceſſivement en bataille, au pas redoublé, à meſure que le terrain le permettra, par les commandemens indiqués au paſſage de l'obſtacle.

PLANC. XXI. Si c'eſt un débouché large du front d'une diviſion, on commandera :

Par peloton en avant = paſſez le défilé.

Chaque aile formera une colonne par peloton, l'aile droite rompant à gauche, & l'aile gauche à droite, par les commandemens expliqués au titre 8, pour suivre les deux pelotons qui se trouveront vis-à-vis du débouché, lesquels auront la tête de la colonne : tous les pelotons serreront à demi-distance.

Si le défilé se réduit au front d'un peloton, chaque première section doublera derrière sa seconde dans la colonne de droite, & chaque seconde section doublera derrière sa première dans la colonne de gauche : on formera les pelotons dès que le terrain le permettra, & la colonne serrera en masse.

A mesure que la gorge s'élargira, les pelotons de droite & de gauche se mettront en bataille par le *pas redoublé*, en appuyant à droite dans la colonne de droite, à gauche dans la colonne de gauche, au commandement de leur Chef. Chaque Chef de peloton se tiendra à la gauche de son peloton dans la colonne de gauche, & à la droite dans la colonne de droite, pour mieux juger de l'instant où le défilé s'élargira.

Le reste de chaque colonne se dirigera derrière le dernier peloton qui se sera mis en ligne, pour pouvoir se mettre successivement en bataille, à mesure que le terrain le permettra.

Lorsqu'on voudra achever le déployement, sans que la ligne marche, les pelotons en bataille feront *halte*, & les autres se déployeront de droite & de gauche, comme il est expliqué au titre 13 *des Déployemens*, art. 1.

Le premier bataillon en bataille sera bataillon d'alignement, & marchera le petit pas jusqu'à ce que la ligne soit formée, ou jusqu'à ce qu'on arrête la ligne.

ARTICLE 2.

Passage du Défilé en retraite.

Si la ligne marche en retraite, & que le passage doive

se faire en préfence & à portée de l'ennemi, le Commandant en chef fera ses dispositions pour couvrir fa retraite par une arrière-garde, & donnera ses ordres pour passer le défilé par une ou les deux ailes, soit par files, soit par pelotons, suivant la largeur du défilé.

PLANC. XXII.   La ligne faifant face à l'ennemi, si on doit passer par files par les deux ailes, on commandera :

Par files en arrière par les ailes = passez le défilé.

Le peloton de l'aile droite fera *à droite* au commandement de son Chef, & chaque file sur son terrain fera successivement *par files à droite*, pour longer derrière la ligne ; le peloton de l'aile gauche fera *à gauche*, & *par files à gauche* : ce qui sera exécuté successivement par tous les pelotons.

Les deux pelotons de l'aile viendront se réunir vis-à-vis le défilé, & y entreront; celui de l'aile droite par un *à gauche par files* ; celui de l'aile gauche par un *à droite par files*.

Les autres pelotons ayant leur Chef sur le flanc extérieur, suivront, sans s'alonger, les pelotons des ailes.

La première file du premier peloton de l'aile droite ou gauche sortant du défilé, le Chef de ce peloton commandera, *pas redoublé = marche* : le peloton marchera le pas redoublé. Aussitôt que le Chef de peloton sera arrivé sur la nouvelle ligne de direction déterminée par le Commandant en chef, il s'y arrêtera; & laissant couler son peloton, il commandera, *halte*, *front*, lorsque son peloton l'aura dépassé de tout son front ; & se plaçant en même temps au pivot gauche dans les pelotons de l'aile droite, & au pivot droit dans les pelotons de l'aile gauche, il commandera, *marche*, *tête = à gauche* dans les pelotons de l'aile droite, & seulement *marche* dans ceux de l'aile gauche, pour se porter au pas ordinaire sur le point de vue en avant. Tous les pelotons qui ne feront point encore entrés dans le défilé, continueront de marcher

au

au pas ordinaire, & se conformeront successivement à ce qui a été prescrit pour le premier peloton, à mesure que chacun arrivera sur le terrain où le premier peloton de son aile aura commencé à marcher le pas redoublé. Lorsque la tête des deux ailes sera arrivée au point où devra être appuyée la droite & la gauche de la nouvelle position, le Commandant en chef commandera, *halte*, qui sera répété par les Chefs de bataillon & de peloton; aussitôt après il fera faire la contre-marche aux pelotons de l'aile droite, ou à ceux de l'aile gauche : la contre-marche exécutée, la colonne se mettra *à droite* ou *à gauche en bataille*, ainsi qu'il est prescrit au titre 9.

Si le passage doit se faire par le front d'une division, Pl. XXIII. on commandera :

Par pelotons en arrière par les ailes = passez le défilé.

Le peloton de chaque aile, au commandement de son Chef, marchera quatre pas en arrière; celui de l'aile droite fera *halte, à gauche & marche*, & celui de l'aile gauche, *halte, à droite & marche* : ils viendront se réunir vis-à-vis du défilé, & en se joignant feront *halte*, & face par le troisième rang, par le commandement *à droite* ou *à gauche*.

Chaque peloton exécutera successivement le même mouvement pour prendre rang dans la colonne : les deux derniers pelotons feront *demi-tour à droite*, & la suivront.

La colonne passera le défilé dans cet ordre, & continuera sa marche au delà, jusques sur le terrain sur lequel on voudra la déployer.

On la fera alors serrer en masse, & aussitôt faire *front*; après quoi elle se déployera par la droite & par la gauche, en suivant les principes prescrits au tit. 13 *des Déployemens.*

Si le passage ne pouvoit se faire que par peloton, on exécuteroit dans chaque aile, par section, ce qui vient d'être prescit par peloton.

K k

TITRE XV,
Du Paſſage des Lignes.

Pl. XXIV. Un Régiment étant en première ligne, devant être relevé par un Régiment de ſeconde ligne qui approche pour le remplacer, on commandera :

A droite = paſſez la ligne.

Cet avertiſſement ſera répété par chaque Chef de bataillon, qui auſſitôt après commandera, *à droite*, *marche*. Les Chefs de peloton ameneront leur peloton par un *à droite par files*, ſe tiendront toujours à la tête de leur peloton, auront attention, pendant la marche, de s'aligner, & d'obſerver leur diſtance à gauche.

La ſeconde ligne s'étant approchée de la première, à trente ou quarante pas de diſtance, fera *halte*, au commandement de ſon Chef, répété par les Chefs de bataillon, & prendra garde où ſe porteront les pelotons qui arriveront ſur elle, pour doubler ſur le champ les files néceſſaires à leur paſſage.

Ce mouvement ſe fera leſtement & ſans commandement par quatre files, qui reculeront & doubleront *à droite* & *à gauche* auſſitôt que le peloton de la première ligne ſe préſentera, & rentreront dès qu'il aura paſſé : la deuxième ligne marchera alors en avant, pour venir occuper la poſition de la première. Dès que les Chefs de bataillon de la première ligne devenue la ſeconde, auront commandé *halte*, les Chefs de peloton, après l'avoir répété, commanderont, *front, à gauche=alignement*, ſe porteront ſur le pivot gauche, pour prendre le Chef de file, & la colonne ſe mettra en bataille par un mouuvement de converſion à gauche.

Lorſque le Commandant en Chef voudra donner à la ligne la même diſpoſition que ſi elle avoit rompu à gauche, il commandera :

A gauche = paſſez la ligne.

A cet avertiſſement répété par chaque Chef de bataillon, les Chefs de peloton iront gagner la gauche de leur peloton ; & au commandement *à gauche*, *marche*, du Chef de bataillon, les pelotons feront *à gauche*, & enſuite par files *à gauche*, obſerveront leur diſtance *à droite*, & les Chefs ſe placeront au pivot droit, pour remettre la colonne en bataille.

Si une ligne ſe trouvoit dans le cas de donner paſſage à de la Cavalerie, ou à de l'Artillerie, le Chef de chaque bataillon feroit alors doubler un ou pluſieurs pelotons l'un derrière l'autre, par le moyen indiqué au titre 13 , art. 4, pour former la colonne ſerrée.

Les pelotons doublés ſe déployeroient enſuite comme il eſt preſcrit au titre 13 , art. premier.

TITRE XVI.

De la Marche d'une Colonne en route.

ARTICLE PREMIER.

De l'ordre qui ſera obſervé par une Colonne qui devra marcher en route.

SI une colonne rompue par peloton, la droite en tête, PL. XXV. eſt en marche de route, on fera porter l'arme au bras au peloton de la tête, dont les deuxième & troiſième rangs prendront un pas de diſtance.

Le Soldat ne ſera plus aſſujetti alors à marcher du même pas, & il portera ſon arme indifféremment ſur une épaule ou ſur l'autre, pourvu que le bout du canon ſoit en haut.

La même choſe s'exécutera ſucceſſivement par chaque peloton, au commandement de ſon Chef, à meſure qu'il arrivera ſur le terrain du premier.

Les files marcheront à l'aiſe ; mais on aura attention que les rangs ne ſe confondent jamais.

Les Chefs de peloton reſteront deux pas en avant du centre de leur peloton.

Un Sergent de ferre-file, le plus près de la gauche, viendra fe placer à la gauche du premier rang, fi on a rompu à droite, & fera refponfable au Chef du peloton de fa diftance; de manière qu'à tous les inftans de la marche la colonne n'occupe, de la tête à la queue, qu'un efpace égal à l'étendue du front qu'elle occuperoit en bataille.

Ce Sergent fera auffi refponfable du Chef de file, autant que la direction de la marche le permettra.

Le Commandant en chef fera quelquefois le commandement *halte*, qui fera répété très-rapidement par chaque Chef de bataillon & de peloton, & exécuté à l'inftant même par les Sergens de la gauche de chaque peloton, fur le terrain où ils fe trouveront, fans avancer ni reculer d'un pas.

Les Chefs de peloton commandant auffitôt *à gauche = alignement*, les files de chaque peloton fe ferreront promptement fur la gauche; le premier rang s'alignera fur le Sergent de la gauche; les deuxième & troifième rangs ferreront avec la plus grande vivacité, & les Soldats porteront l'arme, fans attendre d'autre commandement.

Si le Commandant veut faire former le Régiment en bataille, il rectifiera l'alignement en file de tous les pivots, fera les commandemens pour fe mettre en bataille : ce qui fera exécuté comme il eft prefcrit au titre 9, article 2.

Les Sergens de ferre-file placés aux pivots, rentreront alors à leurs places.

On fera rompre enfuite, & après avoir rompu, la colonne attendra un nouveau commandement pour marcher en avant.

Le Commandant en chef examinera avec la plus grande attention, fi, au commandement *marche*, répété fans retard par les Chefs de bataillon & de peloton, tous les Sergens des ailes gauches & tous les pelotons fe font ébranlés en même temps.

Chaque

Chaque Sergent de la gauche fera exactement son premier pas de deux pieds.

Le Commandant en chef fera plusieurs fois le commandement *halte*, pour arrêter la colonne, & celui de *marche*, pour la porter en avant, afin d'accoutumer les Officiers à la plus grande exactitude sur cet article essentiel.

Lorsqu'une colonne en route sera dans le cas de changer de direction à droite ou à gauche, le peloton de la tête, & successivement chaque peloton, à mesure qu'il arrivera sur le terrain où la tête de la colonne aura tourné, suivra, sans commandement, & par le principe de l'alignement, le mouvement de l'homme de l'aile vers lequel il se trouvera avoir la tête tournée ; de manière que, dans une colonne ayant la droite en tête, soit que cette colonne tourne *à droite*, soit qu'elle tourne *à gauche*, chaque peloton ne cessera de regarder vers l'homme de gauche, qui, soit qu'il se trouve au pivot, soit qu'il se trouve à l'aile marchante de la conversion, n'aura d'autre attention à avoir, que celle de marcher en conservant la distance qui doit le séparer de l'homme de l'aile gauche du peloton qui le précédera dans la colonne.

Dans une colonne ayant sa gauche en tête, le Sergent de l'aile droite sera chargé de tout ce qui vient d'être prescrit pour le Sergent de l'aile gauche.

Aucun Soldat ne pourra quitter la colonne, sans la permission de son Officier, & sans avoir remis son fusil à un de ses camarades ; il sera accompagné par un Bas-Officier qui en répondra, & qui le fera rejoindre le plus promptement possible.

S'il se rencontre un défilé qui oblige de diminuer le front de la marche, chaque peloton, immédiatement avant d'entrer dans le défilé, serrera les rangs, au commandement de son Chef : les files se serreront en même temps, & celles qui ne pourront pas passer, doubleront derrière le reste du peloton, de manière que, dans une colonne ayant fa droite en tête , la droite du peloton marchera la première , & l'inverfe dans une colonne ayant la gauche en tête.

Les Serre-files veilleront à ce que les rangs foient exactement ferrés. Le Commandant fera par-tout où fa préfence fera néceffaire , & ne fouffrira, fous aucun prétexte, d'alongement dans la colonne.

Chaque Chef de bataillon veillera fur fon bataillon.

On pourra marcher également par le flanc à trois ou à fix de front ; & dans ce dernier cas, on fe conformera à ce qui eft prefcrit, titre 5 , article 5 , *du Doublement des files* , &c.

On fera quelquefois fortir les Troupes de la garnifon , pour les exercer aux précautions qu'elles doivent prendre dans une marche de guerre.

S'il fe trouve un village ou un bois à traverfer, on le fera fouiller par une avant-garde , avant que d'y entrer. On fera garder par des Troupes détachées les chemins principaux par lefquels l'ennemi pourroit être fuppofé arriver ; & ces Troupes ne quitteront leur pofte , qu'après que la colonne dont ils feront l'arrière - garde les aura dépaffées.

On détachera fur les flancs des petites Troupes pour marcher à hauteur de la colonne, & éclairer fa marche ; enfin l'on prendra toutes les précautions militaires, qui feront plus amplement détaillées dans le fervice de campagne.

A R T I C L E 2.
Prompte Manœuvre.

PL. XXVI. La colonne étant en marche de route & fa droite en tête , voulant promptement occuper une pofition en avant de fon front pour y prévenir l'ennemi, le Commandant en chef, après l'avoir arrêtée, commandera :

1.

Prompte manœuvre.

2.

A gauche.

3.

Marche.

Le premier commandement fera répété par les Chefs de bataillon.

Le fecond & le troifième commandement feront répétés par les Chefs de bataillon & de peloton.

Au fecond commandement, toute la colonne fera *à gauche*; les Chefs de peloton fe porteront à côté de l'homme de la gauche.

Au troifième commandement, la colonne fe mettra en mouvement par le flanc, au pas redoublé, chaque peloton faifant par file *à droite*, & fon Chef obfervant fa diftance à droite.

Le Commandant en chef aura foin de conduire lui-même les deux premiers pelotons de la tête de la colonne; il fe tiendra, pour cet effet, près de l'homme de la gauche du premier peloton, qu'il amenera par un *à droite par files* droit devant lui; il choifira un point de vue *à gauche*, tiendra le flanc du premier peloton continuelle-ment aligné fur le point de vue de gauche, & le flanc du fecond peloton dont il dirigera la marche. Ces deux pelotons marcheront au *pas ordinaire*; les autres pelotons arriveront fucceffivement au *pas redoublé*; les deux pre-miers ferviront de direction aux autres. Tous les pelo-tons prendront le *pas ordinaire*, au commandement de leur Chef, à mefure que chaque flanc par lequel ils marcheront fera arrivé fur l'alignement des deux premiers pelotons qu'ils auront attention de ne jamais dépaffer, & qui marcheront au *pas ordinaire*.

Lorfque la tête de la colonne fera arrivée fur le ter-rain où le Commandant en chef voudra l'appuyer, il commandera *halte*, qui fera répété par les Chefs des bataillons & les Chefs des pelotons qui auroient pris rang dans la colonne : les mêmes Chefs de peloton comman-deront auffitôt après, *front, à gauche* ═ *alignement*, en

reſtant ſur le pivot gauche, & en s'alignant correctement en file ſur les pivots des pelotons qui les précèdent.
Le Commandant en chef fera enſuite les commandemens
déjà preſcrits pour mettre la ligne en bataille.

Auſſitôt qu'il y aura un bataillon ou demi-rang arrivé
dans la colonne, il pourra ſe mettre en bataille, ſi le
cas l'exige : les autres pelotons qui arriveront ſucceſſivement dans la colonne, obſerveront la même choſe.

Si une colonne, marchant par la gauche, veut faire
cette manœuvre, elle exécutera par l'inverſe les mêmes
mouvemens qu'on vient de preſcrire pour la colonne qui
marche par la droite.

Si le Commandant en chef veut porter la tête de ſes
Troupes avec plus de rapidité ſur la nouvelle poſition,
il fera marcher le *pas redoublé* aux deux pelotons de la
tête, après qu'ils auront fait *à gauche*, & *par files à droite*,
juſqu'au point où il voudra former la ligne; & les autres
pelotons viendront ſucceſſivement au même pas prendre
rang dans la colonne, en ſe conformant pendant la marche, & en arrivant dans la nouvelle direction, à ce qui
eſt preſcrit au titre 12 *des Changemens de poſition.*

TITRE XVII.
Des Feux.
ARTICLE PREMIER.
Feux de pied ferme.

Pendant l'exécution des *feux*, les Officiers, les Fourriers & les Sergens porteront leurs armes : ceux de ſerre-
files auront continuellement les yeux ſur leurs Soldats,
pour les reprendre à voix baſſe, s'il eſt néceſſaire.

On exercera les Régimens à tirer de pied ferme, par
peloton, demi-rang & bataillon.

Lorſque les Régimens, avant de commencer l'exercice,
devront

devront charger les armes, le Commandant en chef en fera l'avertiſſement ; & auſſitôt chaque Chef de bataillon les fera charger, ſelon qu'il eſt preſcrit à la *charge à volonté*, titre 3 , article 4.

Commandemens pour les Feux.

I.

Peloton.

Demi - rang de droite ou *de gauche*, ou *bataillon.*

2.

Armes.

3.

Joue.

4.

Feu.

Au deuxième commandement , comme il a été preſcrit au commandement *apprétez vos armes* , titre 3 , article 3.

Au troiſième commandement , comme au maniement des armes.

Au quatrième commandement, comme au maniement des armes; après quoi le Soldat mettra le chien au repos, & rechargera ſon arme, comme il eſt dit à *la charge à volonté.*

On fera ceſſer tous les feux, par un roulement : les Officiers feront alors porter les armes à leur Troupe, quand même ils auroient commencé à faire les commandemens pour le feu, & rentreront dans le rang à la fin du roulement.

Les trois files de droite du cinquième peloton, & les trois files de gauche du quatrième peloton ne tireront dans aucun cas.

Dans les feux de demi-rang & de bataillon , les Officiers qui ne commanderont pas les feux, ſe reculeront à hauteur du ſecond rang, au premier commandement, & reprendront leur poſte à la fin du roulement.

M m

ARTICLE 2.

Feu par peloton.

ON commandera :

1.

Feu de peloton.

2.

Commencez le feu.

Au premier commandement, le Capitaine de Grenadiers & le Chef de chaque peloton feront un grand pas en avant, puis *à gauche*, à l'exception du Chef du huitième peloton & du Capitaine de Grenadiers de la gauche qui feront *à droite*, après avoir fait de même un pas en avant.

Ils obferveront, pendant le feu, de fe reculer d'un pas fur le front du peloton qui ne tire pas, & ils obferveront encore de ne faire chaque commandement qu'auffitôt après que le précédent aura été exécuté.

Au fecond commandement, le feu commencera par le premier peloton. Lorfque le Chef de ce peloton commandera *joue*, le Chef du troifième peloton commandera *peloton*, & les autres commandemens. Au commandement *joue* du troifième peloton, le Chef du cinquiéme commandera *peloton*, & les autres commandemens. Au commandement *joue* du cinquième peloton, le Chef du feptième commandera *peloton*, & les autres commandemens.

Le deuxième peloton de chaque divifion, fans attendre que le premier feu de tous les premiers pelotons du bataillon foit fait, fe réglera fur fon premier peloton, de manière que le Chef du deuxième peloton d'une divifion faffe le commandement *peloton*, auffitôt qu'il y aura une arme chargée dans le premier peloton. Si le feu continue, les premiers pelotons fe régleront de même fur leurs feconds.

Les Grenadiers tireront le plus vîte qu'ils pourront, obfervant feulement de ne pas tirer en même temps que le peloton qu'ils auront à leur droite ou à leur gauche.

ARTICLE 3.

Feu de demi-rang.

ON commandera :

1.

Feu de demi-rang

2.

Commencez le feu.

Au second commandement, le demi-rang de droite de chaque bataillon commencera le feu, le demi-rang de la gauche n'apprêtera fes armes, que lorfque le demi-rang de la droite aura quelques armes chargées, ainfi de fuite fucceffivement, en fe réglant l'un fur l'autre.

Le Chef de bataillon commandera fucceffivement les deux demi-rangs.

Ce feu ne fera jamais établi qu'entre les deux demi-rangs de chaque bataillon.

ARTICLE 4.
Feu par bataillon.

On commandera :

1.

Feu de bataillon.

2.

Commencez le feu.

Un ou plufieurs Régimens étant en ligne, devant faire *feu* par bataillon, à l'avertiffement *commencez le feu*, tous les bataillons impairs commenceront, les bataillons pairs fe réglant enfuite fur les impairs, & les impairs fur les pairs, comme il a été dit aux *feux de peloton & de demi-rang.*

Les Chefs de bataillon commanderont le feu de la place qui leur eft marquée en avant des drapeaux.

ARTICLE 5.
Feu en arrière.

On commandera :

1.

Feu en arrière.

2.

Demi-tour = à droite.

Au second commandement, tout le bataillon fera *demi-tour à droite*, à l'exception de tous les Officiers & des Serre-files, qui passeront promptement, les Serre-files derrière le premier rang devenu le dernier, & les Chefs de peloton à la gauche du dernier rang devenu le premier. Les Chefs de bataillon se porteront en avant du dernier rang.

On exécutera alors les feux de peloton, de demi-rang, & de bataillon, en se conformant à ce qui a été prescrit pour les *feux par le premier rang.*

Lorsqu'on voudra remettre le bataillon dans son premier ordre, on commandera :

MM. les Officiers, à vos postes.

Demi-tour = à droite.

Les Serre-files passeront derrière le dernier rang, & les Chefs de peloton au premier rang, ainsi que les Chefs de bataillon.

ARTICLE 6.
Feu de deux rangs.

ON commandera :

1.

Feu de deux rangs.

2.

Bataillon.

3.

Armes.

4.

Commencez le feu.

Au premier commandement, les Chefs de peloton, ainsi que le Sergent qui se trouve derrière eux, se reculeront, le Sergent sur l'alignement des Serre-files, & le Chef de peloton à un pas en arrière de l'intervalle de son peloton, le Sous-lieutenant du huitième peloton, ainsi que le Sergent qui est derrière lui, se reculeront de même.

Au troisième commandement, les trois rangs apprêteront leurs armes ; le premier, en faisant *demi-à droite*, placera le pied droit derrière & contre le pied gauche, la boucle contre le talon.

Les

Les deuxième & troisième rangs prendront la position qui leur est prescrite, pour apprêter les armes, au titre 3.

Au quatrième commandement, le second rang commencera à tirer par l'homme de l'aile droite de chaque peloton: aussitôt qu'il aura tiré, chaque homme de ce second rang passera, avec la main droite, son fusil à l'homme qui est derrière lui au troisième rang, qui le prendra de la main gauche; & celui-ci donnera en même temps le sien de la main droite au Soldat du second rang, qui le recevra de même de la main gauche.

Le second rang tirera avec le fusil de l'homme du troisième rang, le chargera après, & tirera un second coup avec le même fusil, qu'il repassera tout de suite au troisième rang, pour reprendre le sien qui aura été chargé par l'homme du troisième rang, & continuera ainsi à tirer toujours deux coups avec le même fusil, à l'exception de la première fois.

L'homme de l'aile droite du premier rang de chaque peloton ne commencera à tirer qu'après que l'homme de sa file, au second rang, aura tiré son second coup. Les hommes du premier, ainsi que du second rang, mettront *en joue*, & tireront successivement aussitôt après que l'homme de leur droite, dans leur rang, aura fait *feu*.

Ce premier feu une fois établi, chaque Soldat tirera à volonté, le plus souvent qu'il pourra, en ayant attention de bien charger & de bien ajuster.

Les Soldats du premier rang chargeront toujours eux-mêmes leur fusil.

Au roulement, le feu de deux rangs cessera; chaque Soldat reportera son arme après avoir chargé, & les Chefs de peloton & Bas-officiers reprendront leurs places.

ARTICLE 7.

Feu de bataillon en avançant.

LORSQU'UN ou plusieurs Régimens marchant en bataille devront faire le feu de bataillon en avançant, on commandera :

1.

Feu de bataillon en avançant.

2.

Commencez le feu.

N n

Au second commandement, on commandera *halte* aux bataillons pairs : les bataillons impairs continueront de marcher. Au sixième pas, on leur commandera *halte*, & aussitôt *bataillon, armes, joue, feu*, & ils chargeront.

Les bataillons pairs, en se réglant sur les impairs, & les impairs sur les pairs, se devanceront ainsi successivement de six pas pour faire *feu*. Lorsqu'on voudra plus avancer que tirer, on les fera se devancer de douze pas au lieu de six : dans le même cas, on observera la même chose en retraite.

Feu de bataillon en retraite.

La ligne se retirant devant l'ennemi, marchera sans tirer, pour gagner du terrain en retraite aussi long-temps qu'elle le pourra ; mais si elle est pressée dans sa marche, au point d'être obligée de faire *feu*, elle l'exécutera par les moyens suivans.

On commandera :

1.

Feu de bataillon en retraite.

2.

Commencez le feu.

Au second commandement, on commandera *halte* aux bataillons impairs, & aussitôt *demi-tour* = *à droite, bataillon, armes, joue, feu* : ils chargeront sur le même terrain.

Les bataillons pairs continueront de marcher : au sixième pas, on leur commandera *halte, demi-tour* = *à droite*. Aussitôt que les bataillons impairs auront chargé, on leur commandera *demi-tour* = *à droite, marche*, pour se porter de même à six pas par-delà les bataillons pairs. A l'instant où ils arriveront à leur hauteur, on commandera à ceux-ci, *bataillon, armes, joue, feu*. Ils chargeront comme il a été dit pour les impairs, & seront mis en marche de la même manière, pour marcher le même nombre de pas, & se porter en arrière des impairs.

Cet ordre alternatif fera obfervé autant de temps que ce feu devra durer.

Dans les feux en avançant & en retraite, les drapeaux refteront en avant, & ne rentreront point au commandement *halte*.

ARTICLE 8.

Inftruction du Soldat pour tirer à balle.

POUR faire acquérir au Soldat l'habitude d'ajufter, on plantera un but en terre, d'abord à cinquante toifes ; on s'en éloignera fucceffivement jufqu'à la diftance de cent toifes, & en faifant au Soldat les commandemens prefcrits au titre des *feux*, pour apprêter les armes ; on lui fera enfuite le commandement *joue* ; il cherchera, en tombant vivement en joue, à aligner la culaffe & le bouton fur le but ; on lui fera le commandement *retirez=vos armes*, & le commandement *joue* plufieurs fois, afin qu'il acquiere l'habitude de tomber *en joue* à hauteur & dans la direction du but.

Cette école fe fera homme par homme, d'abord en blanc, enfuite à balle. Lorfque le Soldat aura acquis l'ufage d'ajufter avec promptitude, on pourra réunir une file, & enfuite un peloton. On obfervera alors que l'épaulement foit affez large & affez élevé pour prévenir les accidens, & pour qu'on puiffe y retrouver une partie des balles, qu'on raffemblera foigneufement pour les faire refondre.

Tous les Soldats pafferont tous les ans à cette école ; mais on obfervera d'y exercer fur-tout les Recrues de chaque année.

TITRE XVIII.

Revues d'Inspection & des Commissaires des guerres.

ARTICLE PREMIER.

Formation des Livrets de revue.

LORSQU'UN Régiment devra passer une revue d'inspection, ou la revue d'un Commissaire des guerres, on ne changera rien à sa formation ordinaire : on fera les livrets dans le même ordre où les bataillons, les compagnies de Grenadiers & les pelotons doivent être rangés ; les drapeaux resteront dans leur place ordinaire, quoique les Porte-drapeaux ne soient compris que dans l'État-major ; mais les Sergens de leur garde & les Tambours rentreront à leurs Compagnies.

ARTICLE 2.

Disposition pour les Revues.

SI c'est une revue d'inspection que le Régiment doit passer, il sera mis d'abord en bataille ; il y restera jusqu'à ce que l'Officier général, ou l'Inspecteur qui sera chargé d'en faire l'inspection, ordonne de le mettre en haie par Compagnie : lorsqu'il en donnera l'ordre, on rompra le Régiment à gauche par Compagnie ; on bordera ensuite la haie, ainsi qu'il a été prescrit au titre 5 *des Manœuvres de détail*, article premier. Les troisièmes Sergens & les Tambours iront alors rejoindre leurs Compagnies.

Si l'Officier général ou Inspecteur, après avoir vu le Régiment en haie, ordonne qu'on le fasse défiler, on reformera les Compagnies, ainsi qu'il est prescrit au titre 5, article premier ; on le fera défiler ensuite, ainsi qu'il est prescrit article 8, titre 6 *de la Formation*.

Si

Si le Régiment doit paſſer la revue d'un Commiſſaire des guerres, les Compagnies feront miſes en haie avant ſon arrivée.

Sa Majesté voulant établir la plus grande uniformité ſur tous les points preſcrits par la préſente Inſtruction, rendra les Chefs des Corps perſonnellement reſponſables de tous les changemens qui y feroient faits, ſoit dans les évolutions, dans les commandemens, ou dans les moyens de détail, qui feront ſtrictement exécutés, juſqu'à ce qu'il plaiſe à Sa Majeſté d'en ordonner autrement. Fait à Verſailles le 30 Mai 1775. *Signé* LOUIS. *Et plus bas*, le Maréchal de Felix du Muy.

TABLE

POUR LA

CONNOISSANCE DES DIFFÉRENTES FIGURES

employées dans la Planche I.ʳᵉ

C.ᵉˡ	Colonel.		𝒞.	Capitaine de Grenadiers.
L.ᶜ·ᵉˡ	Lieutenant-colonel.		č.	Capitaine de Fuſiliers.
M.ᵒʳ	Major.		L.	Lieutenant.
C.ᵉᵗ	Chef de bataillon.		E.	Sous-lieutenant.
A.	Aide-major.		⚑.	Porte-drapeau.
S.	Sous-aide-major.		⌐. ⌐. ⚑. 1.ᵉʳ 2.ᵉ & 3.ᵉ Sergens.	
F.	Fourrier.		X.	Tambours.
✳.	Tambour-major.		◻.	Soldats attachés aux Dra-
⬢.	Caporal - ſerre - file , ou marquant la droite des ſecondes ſeƈtions.			peaux.

Le Colonel , en bataille , eſt derrière le centre du premier bataillon. En parade , il eſt à ſix pas en avant des drapeaux de ce même bataillon.

Le Lieutenant-colonel , en bataille , eſt derrière le centre du bataillon de gauche ; & en parade , il ſe place à ſix pas en avant des drapeaux du même bataillon.

Le Major , en bataille ou en parade , eſt placé à la gauche du Colonel.

Les Chefs de bataillon ſont placés à huit pas en avant des drapeaux de leur bataillon ; & en parade ils en ſont à deux.

Les Aides-major , en bataille , ſix pas en arrière des Serre-files , derrière le centre du bataillon ; en parade , à la droite de leur bataillon.

Les Sous-aides-major , en bataille , ſix pas en arrière des Serre-files , derrière la droite ; en parade , à la gauche du bataillon.

Les Serre-files , en bataille & en parade , à deux pas en arrière du troiſième rang.

Les Officiers , en parade , à quatre pas en avant du premier rang ; & le Tambour-major à deux pas en avant du premier rang des Tambours.

Les Tambours , en bataille , derrière le centre du bataillon , à quinze pas des Serre-files ; en parade , à la droite de leur bataillon , ſur deux rangs.

OBSERVATIONS GÉNÉRALES.

LES quatre figures ci-après repréſentent les différentes poſitions ou emplacemens qu'occupent ou ont occupé les Troupes. *Savoir :*

La figure ponctuée repréſente la 1.re poſition.

La figure au trait repréſente la 2.e poſition.

La figure au trait & pointillée repréſente la 3.e poſition.

La figure au trait & hachée repréſente la 4.e ou dernière poſition.

Le gros trait repréſente le premier rang.

Les commandemens ſuivis d'une étoile, ne ſont faits que par le Commandant en chef.

Ceux qui ſont ſuivis de deux étoiles, ſont répétés par les Chefs de bataillon.

Ceux qui le ſont de trois étoiles, ſont répétés par les Chefs de bataillon & de peloton.

Et ceux qui ſont ſuivis du caractère Č, ne ſont faits que par le Chef de peloton.

Fig. 1. Régiment de deux bataillons en bataille.

Fig. 2. Régiment en parade.

Fig. 3. Régiment en bataille, ſe rompant à droite par peloton.

Commandemens.

1.

Par peloton = à droite. ✻ ✻

2.

Marche. ✻ ✻

3.

Halte. Č

4.

A gauche = alignement. Č

Explication de cette figure.

Ce qui eſt ponctué marque le Régiment avant de ſe rompre.

Ce qui eſt haché repréſente le Régiment à l'inſtant où les Chefs de pelotons commandent *halte, à gauche = alignement.*

Les Drapeaux changent auſſitôt de place avec le Sergent qui eſt à côté d'eux.

Fig. 4. Régiment en colonne ſe mettant en marche.

Commandemens.

1.

En avant. ✻ ✻

2.

Marche. ✻ ✻ ✻

La colonne marche, les Chefs de peloton ſont devant le front de leurs pelotons ; les drapeaux ſe trouvent à la deuxième file ; les Chefs de bataillon C.^{ef} ſe tiennent à la tête de leur bataillon ; le Colonel C.^{el} veille au bon ordre général.

Le Lieutenant-colonel L.^{C.el} marche à hauteur du bataillon de gauche ; le Major M.^{or} porte les ordres du Colonel.

Planche 1ere
Fig. 1ere et 2e Titre 6
Fig. 3e et 4e Titre 8

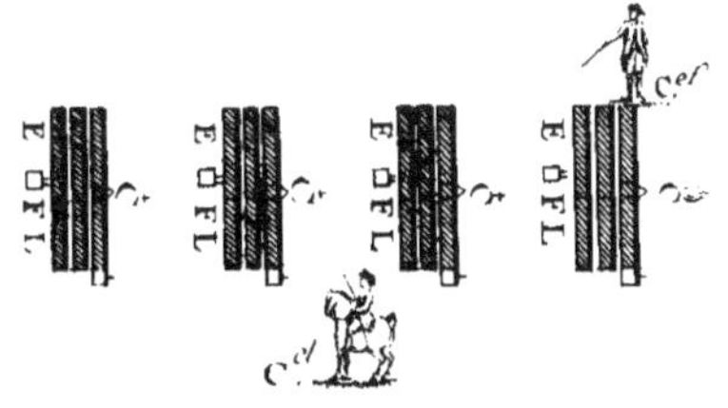

Col
Col

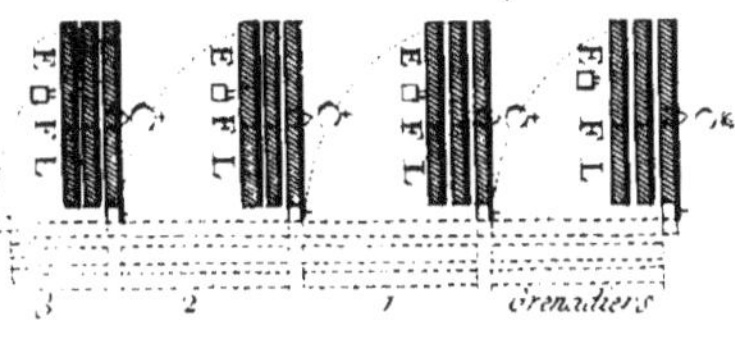

3
2
1
Grenadiers

1L
E C L
E C L
E C L
S
A

Formation d'un Regiment de deux Bataillons

Planche I.ere
Fig. 1.ere et 2.e Titre 6
Fig. 3.e et 4.e Titre 8

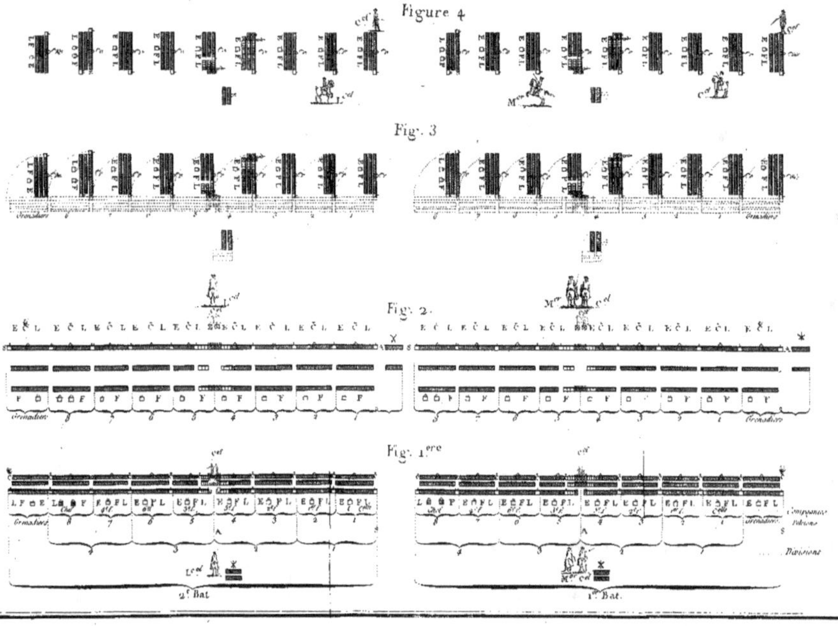

Figure 4
Fig. 3
Fig. 2.
Fig. 1.ere
2.e Bat.
1.er Bat.
Divisions

COMMANDEMENS.

Pour sortir du quartier, en marchant par la droite & par le flanc.

1.

Bataillon —— à droite. ✶ ✶

2.

Marche. ✶ ✶

Pour former les pelotons à l'endroit où le terrain se trouve assez ouvert pour marcher par le front des pelotons.

Formez vos pelotons. ✶ ✶

Formez le peloton ═══ marche. ꝶ

Tête ═══ à gauche. Ꝯ   Ce commandement se fait à l'instant où le peloton est formé.

Explication de la Planche.

Ce qui est au trait représente les deux bataillons sortant du quartier, & marchant par le flanc; les Chefs de peloton ꝶ, & le Sous-lieutenant du huitième peloton *E*, sur le flanc à deux pas en avant de leur place; les Tambours sur deux rangs à la tête de leur bataillon.

Ce qui est au trait & haché représente les pelotons marchant par leur front, qui se sont formés successivement à l'endroit où l'on voit le cinquième peloton du second bataillon se former. Tous ces pelotons, après s'être formés, ont tourné la tête à gauche, au commandement de leur Chef.

Les sixième, septième & huitième pelotons, & les Grenadiers du second bataillon, marchent encore par leur flanc, pour venir se former successivement sur le terrain où l'on voit le cinquième peloton. Les Tambours X sont sur la droite de la colonne.

D

2ᶜ. Batᵒⁿ

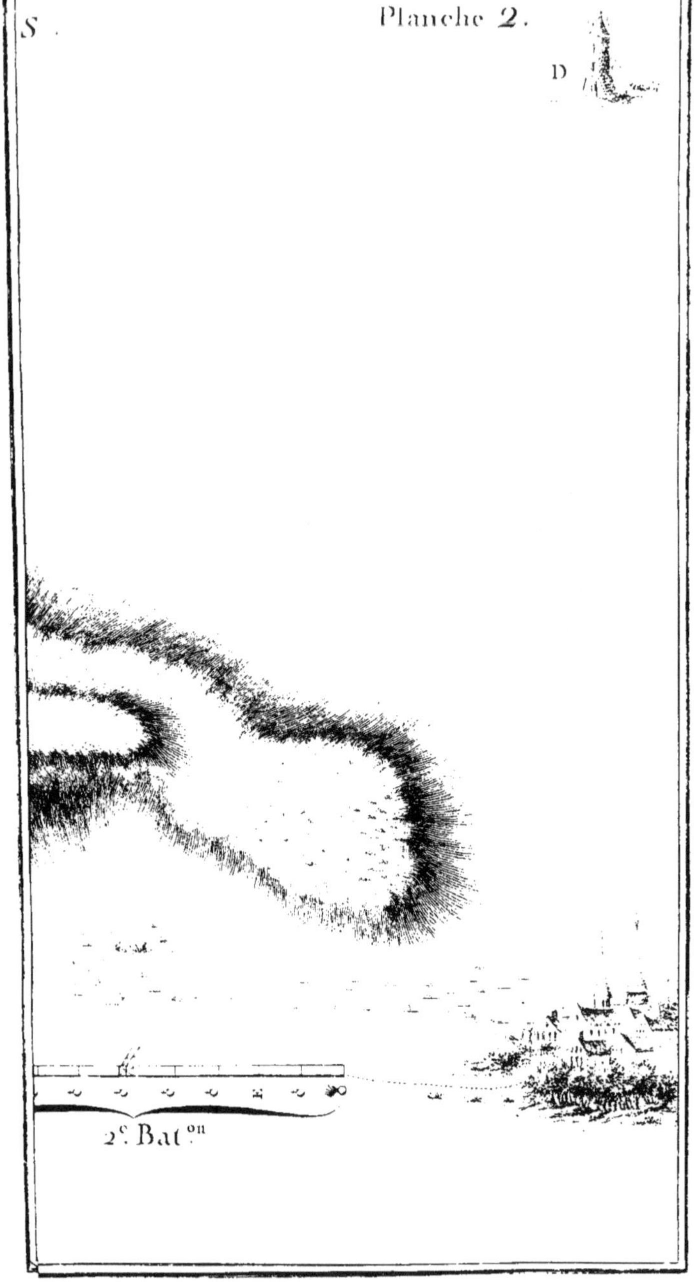

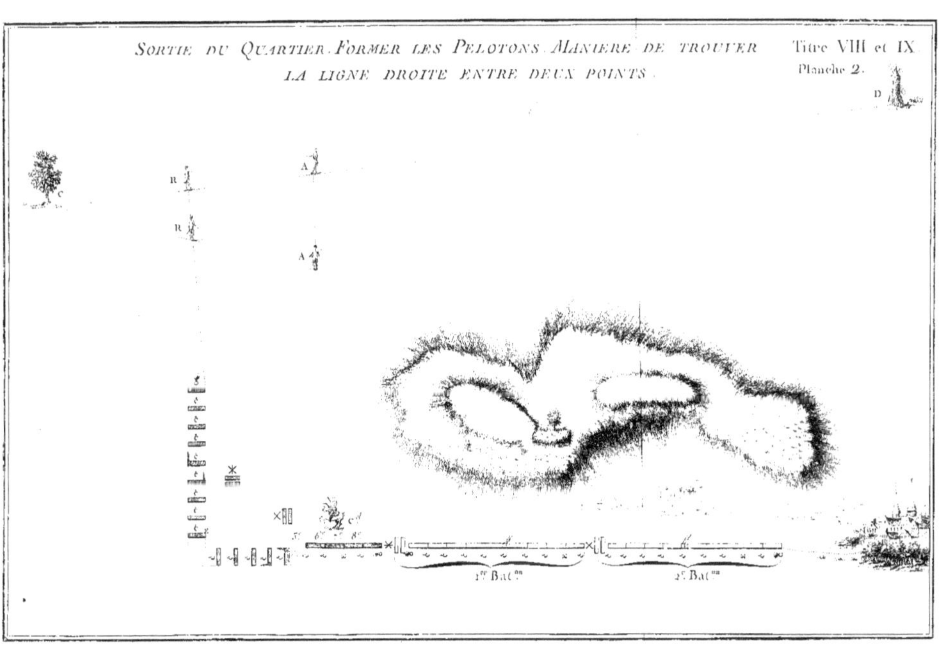

SORTIE DU QUARTIER. FORMER LES PELOTONS. MANIERE DE TROUVER
LA LIGNE DROITE ENTRE DEUX POINTS.
Titre VIII et IX.
Planche 2.
1er Bat.on
2e Bat.on

Fig. 1. Repréfente les deux bataillons entrant dans les points de vue , les Chefs de peloton č placés fur les pivots gauches, excepté le Capitaine de la Compagnie de Grenadiers du fecond bataillon , qui eſt encore éloigné de plus de 30 pas de l'Aide-major *R*.

Les Chefs de bataillon C.^{ef} dirigent les ailes gauches des pelotons fur le point de vue en arrière, ainſi que le Commandant-C.^{nt} qui fe retourne pour y gouverner la direction de la colonne.

Fig. 2. La colonne eſt arrêtée pour fe mettre en bataille.

Commandemens pour arrêter la colonne , & enfuite la mettre en bataille.

I.

Halte. ✶✶✶
A gauche ══ *alignement.* č

2.

A gauche en bataille. ✶✶

3.
Marche. ✶✶✶

4.
Halte , alignement. č

Ce qui eſt ponctué repréfente la colonne arrêtée , à qui on a fait l'avertiſſement pour fe remettre en bataille. Les Chefs de pelotons č font placés à l'aile droite de leur pelo- ton ; les drapeaux ont repris leurs places , & un Bas-officier de ferre-file ⊙ du pre- mier peloton de chaque bataillon s'eſt placé fur l'alignement des ailes gauches , pour marquer la place où doit arrêter l'aile droite de fon peloton.

Les rectangles au trait & haché repréfentent les pelotons faifant le mouvement de converfion pour fe mettre en bataille ; le Soldat du premier rang de l'aile gauche de chaque peloton repréfenté par les petits quarrés longs ▨ , ainſi que le drapeau de l'aile gauche du quatrième peloton ayant fait à gauche pour fervir de pivot , & les Chefs de peloton č conduifant l'aile marchante.

Fig. 3. On a repréfenté dans cette figure les cinq derniers pelotons du fecond bataillon de la *fig. 2* , avec fa Compagnie de Grenadiers faifant le mouvement de converfion à gauche pour fe remettre en bataille , afin de faire voir précifément la pofition des Chefs des cinquième & hui- tième pelotons , ainſi que celle du Capitaine de Grenadiers.

Le premier Sergent du huitième peloton , ainſi que le premier Sergent de Grenadiers, qui , en bataille , font placés au troifième rang derrière le Chef de leur peloton , reſtent en ferre-file , & ne reprennent leurs places de bataille , qu'à l'inſtant où la ligne fe reforme.

Lorfque les Chefs de peloton ont aligné leur peloton entre eux & leur pivot , les Chefs des 5.e & 8.e pelotons & le Capitaine de Grenadiers vont reprendre leurs places.

Nota. Si la colonne ayant fa gauche en tête , fe met en bataille à droite , les Chefs de peloton fe portent à l'aile gauche de leur peloton pour conduire l'aile marchante , & reprennent leur place au commandement *tête ══ à droite*, fait par les Chefs de bataillon.

c ef
c el
D
c el
D
3.ᵉ

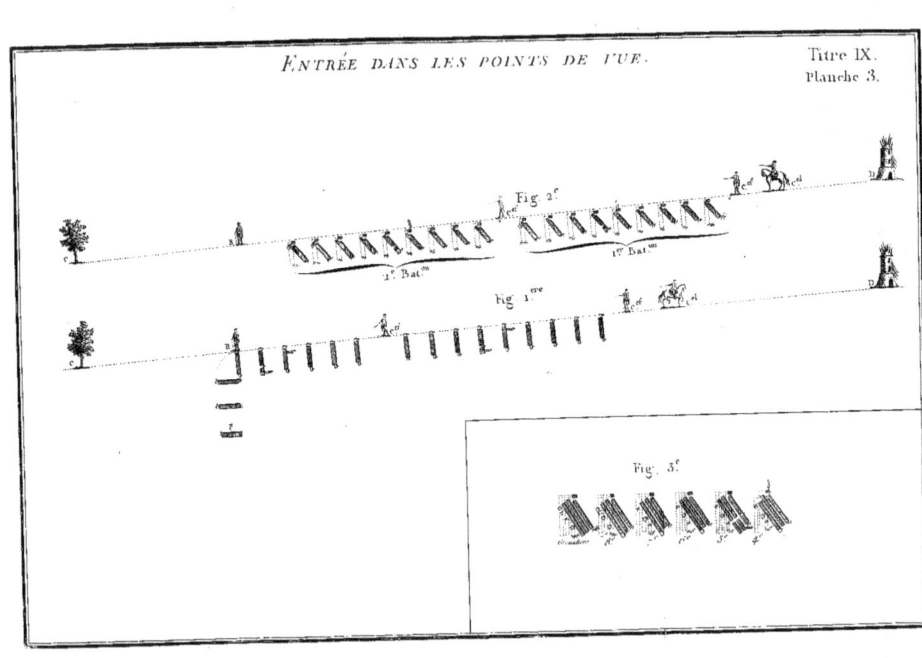

ENTRÉE DANS LES POINTS DE VUE.
Titre IX.
Planche 3.
Fig. 2.e
2.e Bat.on
1.er Bat.on
Fig. 1.ere
Fig. 3.e

Explication de la Planche.

La colonne de droite fe dirige fur l'Aide-major A.

La colonne de gauche fur l'Aide-major X.

Ces deux Aides-major, après avoir trouvé la ligne droite entre l'arbre O & celui B, ont pris entr'eux la diftance contenue entre les deux colonnes, afin de fervir de point de direction à leurs têtes.

Les bataillons de première ligne étant entrés dans les points de vue, fe dirigent fur l'arbre O ; ceux de feconde ligne, dont les Aides-major $S\,R$ ont marqué la diftance parallèle qui doit être entre les deux lignes, fe dirigent fur l'arbre V.

A
B
R

DEUX COLONNES CHACUNE DE DEUX BATAILLONS, COMPOSÉES DES 1. ET 2. LIGNES, Titre IX.
AVEC LEUR GAUCHE EN TÊTE, ENTRANT DANS LES POINTS DE VUE.
Planche 4.
O
N
A
B
S
B

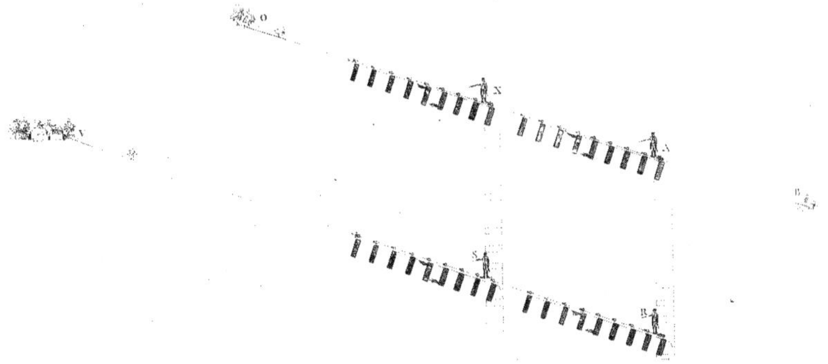

Pour marcher en avant. *Fig. 1.*

1.
Bataillon == *en avant.* ✻✻

2.
Marche. ✻✻

Pour paſſer un obſtacle. *Fig. 2.*

1.
Diviſion
ou   } == *halte.* &
peloton.

2.
A droite & à gauche. &

3.
Marche. &

L'obſtacle paſſé.

En ligne == *marche.* &

Pour marcher obliquement. *Fig. 3 & 4.*

Oblique à droite == *marche.* ✻✻

Pour changer de direction. *Fig. 5.*

Changez de direction ſur la gauche == *marche.* ✻✻

Nota. On a repréſenté ſur la Planche les deux bataillons marchant obliquement . & changeant de direction en même temps ; c'eſt pourquoi les commandemens ſont marqués être faits par le Commandant en chef, & répétés par les Chefs de bataillon. Le mouvement exécuté , on commande , *en avant* == *marche.*

Explication de la Planche.

Fig. 1. Repréſente la ligne ſe mettant en marche ; les drapeaux ſe ſont avancés ſix pas en avant au premier commandement; le premier bataillon eſt bataillon d'alignement.

Au deuxième commandement *marche*, les Soldats tournent la tête au centre, & le bataillon ſe met en marche.

L'Aide-major *A* de chaque bataillon a indiqué un point de vue au drapeau de la droite.

L'arbre *B* eſt le point de vue du premier bataillon.

L'arbre *O* eſt celui du deuxième bataillon.

a. eſt le point intermédiaire qu'ils ont pris pour s'y diriger. On voit le Chef du ſecond bataillon ſur la gauche des drapeaux, pour juger s'ils ſont dans la direction, & à hauteur de ceux du premier bataillon.

Fig. 2. Repréſente la Compagnie de Grenadiers & les ſixième & ſeptième pelotons du premier bataillon paſſant des obſtacles, ainſi que le huitième peloton du ſecond bataillon, devant le front duquel s'eſt rencontré l'obſtacle, & qui a fait *à droite* & *à gauche* pour le paſſer.

Fig. 3. Répréſente les pelotons rentrés dans la ligne.

Fig. 4. La ligne a marché obliquement à droite ; elle a avancé enſuite droit devant elle juſqu'à la figure ponctuée, en prenant pour nouveaux points de vue :

L'arbre *T* pour le premier bataillon.

L'arbre *Q* pour le deuxième.

Fig. 5. La ligne a changé de direction à gauche, en prenant pour nouveaux points de vue,

L'arbre *R* pour le premier bataillon.

L'arbre *U* pour le deuxième.

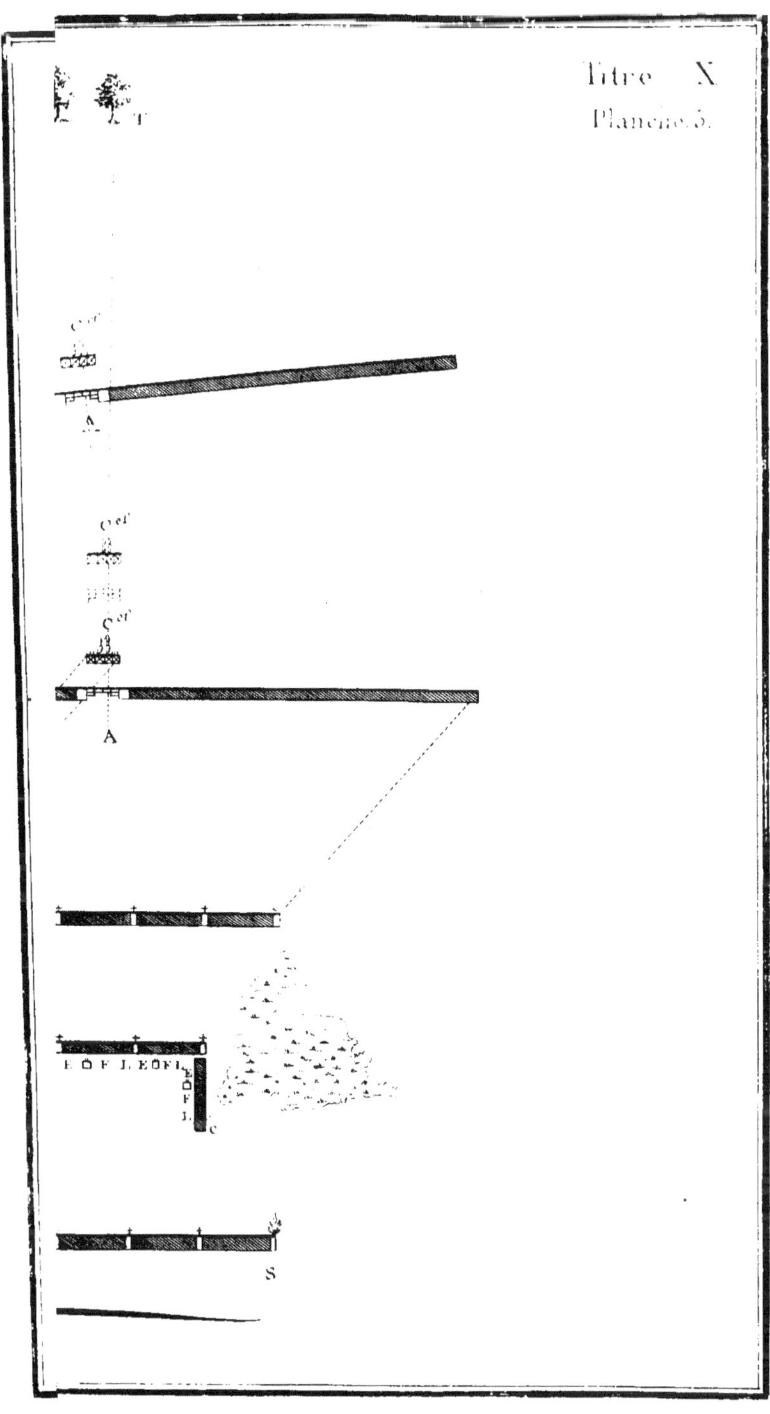
A
A
E Õ F L E Õ F L
E
Õ
F
L
c
S

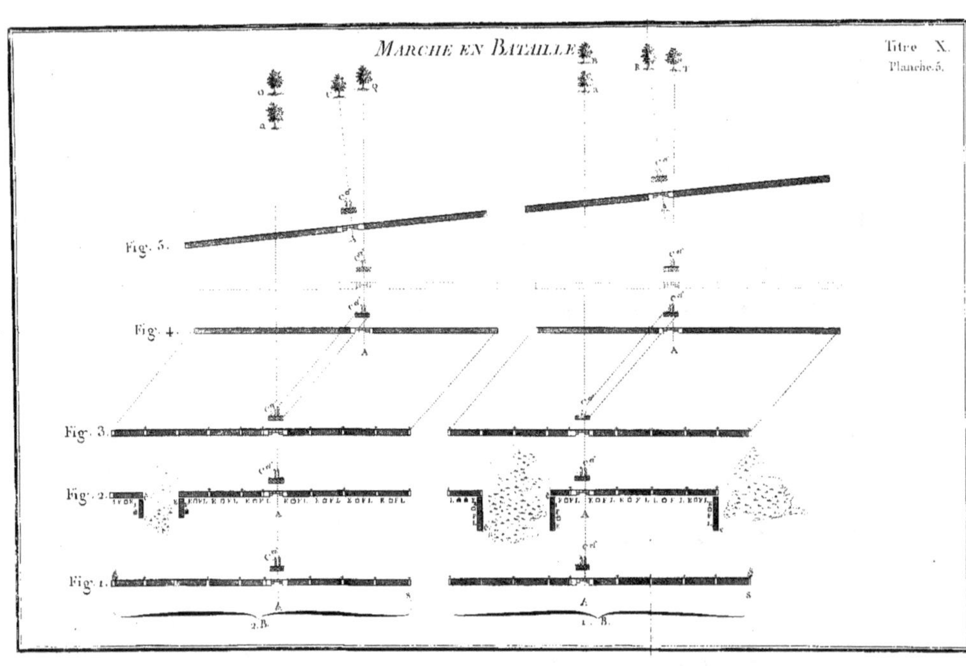
Fig. 5.
Fig. 4.
Fig. 3.
Fig. 2.
Fig. 1.

COMMANDEMENT.

Changez de direction sur la droite ═══ marche. ✶ ✶

La ligne marchant droit devant elle, ayant pour point de vue l'arbre *A* pour le premier bataillon, & l'arbre *B* pour le deuxième bataillon, change de direction à droite.

Le premier bataillon qui est bataillon d'alignement, prend l'arbre *D* pour nouveau point de vue.

La figure au trait marque ce bataillon pendant le mouvement. On voit le mouvement de l'aile droite qui raccourcit le pas pour prendre la direction du centre, & qui cede à droite; ce qui l'a fait sortir de la perpendiculaire *a C*, abaissée sur son flanc droit.

On voit aussi le mouvement de l'aile gauche pour se rapprocher & ne pas abandonner les drapeaux. Les deux ailes se conforment par ces mouvemens à la nouvelle direction du peloton des drapeaux.

Le centre de chaque bataillon, au commandement de *changez de direction*, a pris le petit pas, pou donner aux ailes plus de facilité à prendre sa direction; & à l'instant où elles se sont trouvées sur son alignement, le Chef du bataillon a commandé, *en avant ═══ marche* : à ce commandement tout le bataillon a repris le pas ordinaire.

Le deuxième bataillon fait le même mouvement. La figure au trait & pointillée représente ce bataillon après avoir changé de direction : il appuie à gauche, pour reprendre sa distance que le changement de direction lui avoit fait perdre.

La petite ligne *O U* perpendiculaire sur son flanc droit, fait voir que la distance étoit trop petite.

La figure au trait & hachée représente les deux bataillons dans leur nouvelle direction. Le nouveau point de vue du deuxième bataillon est l'arbre *R* ; & pour regagner l'alignement du premier bataillon, dont il étoit resté en arrière pendant le changement de direction, il a alongé le pas, ou marché le pas redoublé.

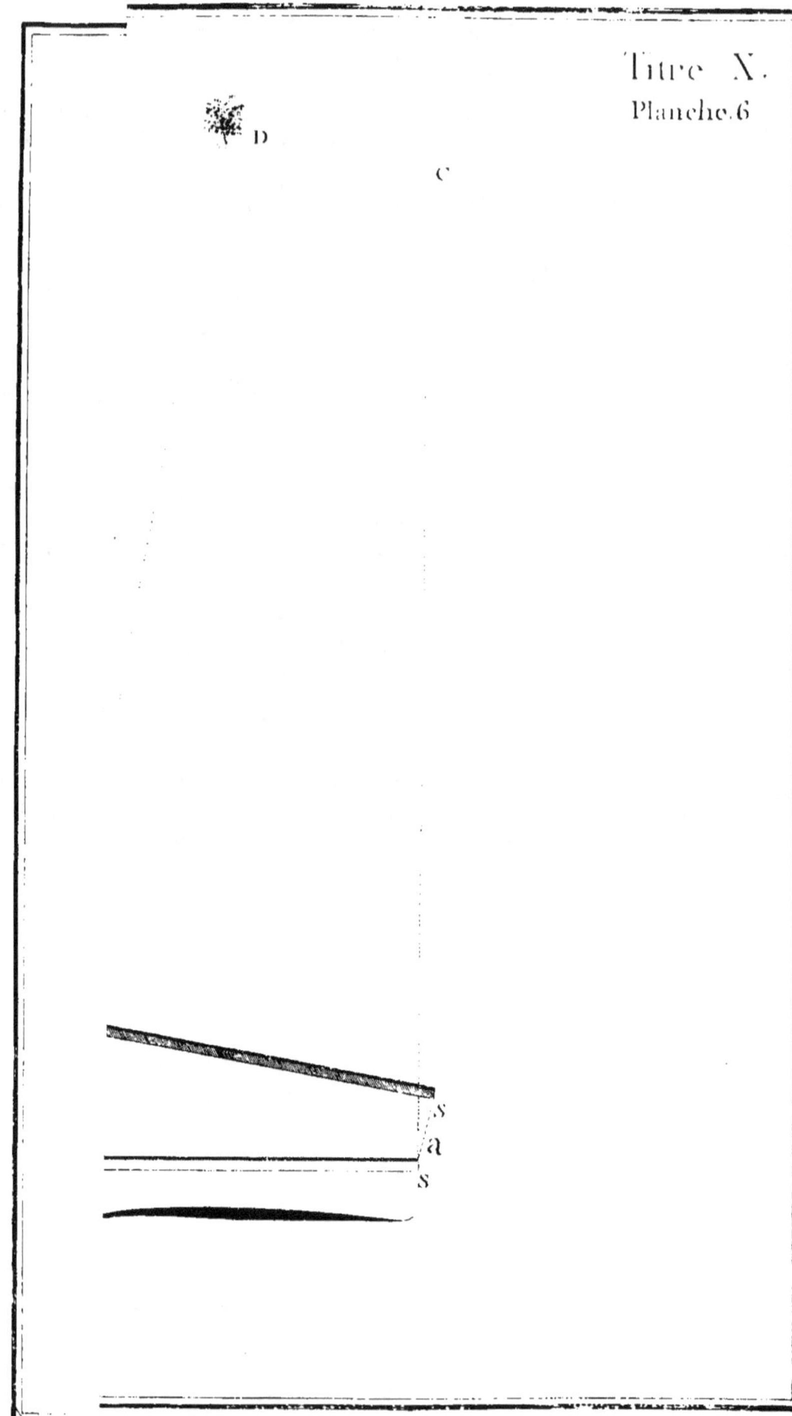
D
C
s
a
s

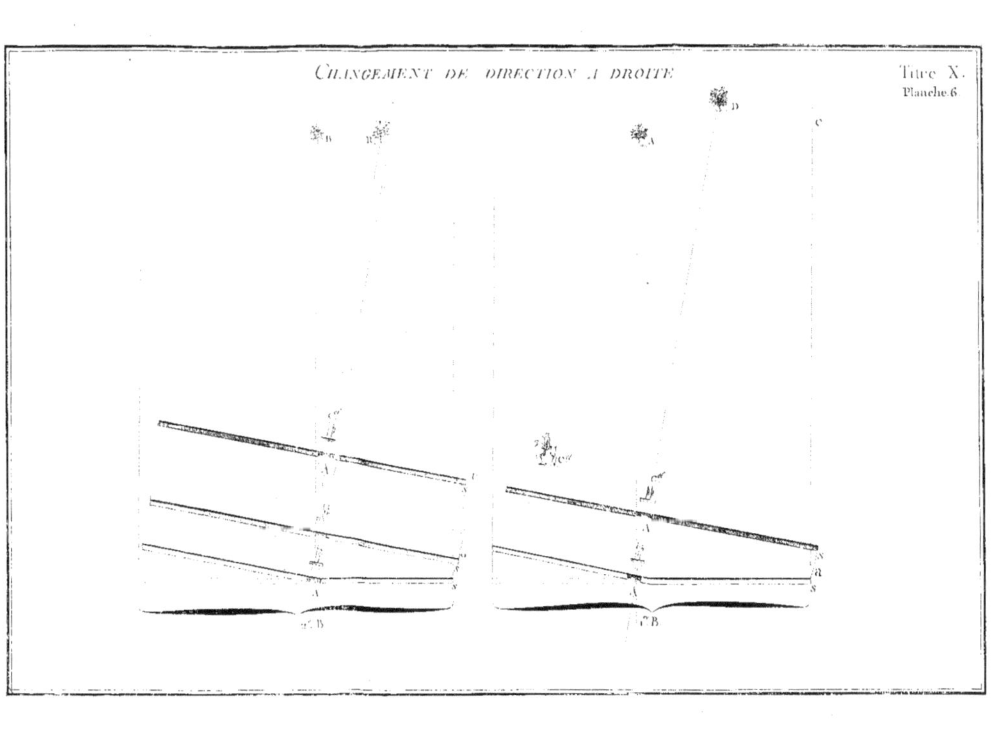

Première Opération.

COMMANDEMENS pour le mouvement exécuté ſur cette Planche.

I.

Changement de poſition à droite, pour faire face à gauche. ✶✶

2.

Par peloton ═ à droite. ✶✶

3.

Marche. ✶✶

4.

Halte, à gauche ═ alignement. Č

Explication de la Planche.

La ligne s'eſt rompue à droite, & la Compagnie de Grenadiers s'eſt portée en avant de l'étendue de ſon front : on a fait faire enſuite à cette Compagnie un mouvement de converſion à droite, pour la mettre dans la direction de l'arbre *B*. L'Aide-major *A* faiſant face au Capitaine de Grenadiers ❀, a été aligné par lui ſur le point de vue *B*. Cet Aide-major a indiqué au Commandant-C.ᵉˡ le point de vue en arrière *O*.... On voit les Chefs des deux premiers pelotons, ainſi que le Capitaine de Grenadiers, placés ſur l'aile gauche de leurs pelotons.

B

C^{el}

CHANGEMENT DE POSITION A DROITE POUR FAIRE FACE A GAUCHE.

Titre XII.
Planche 7.

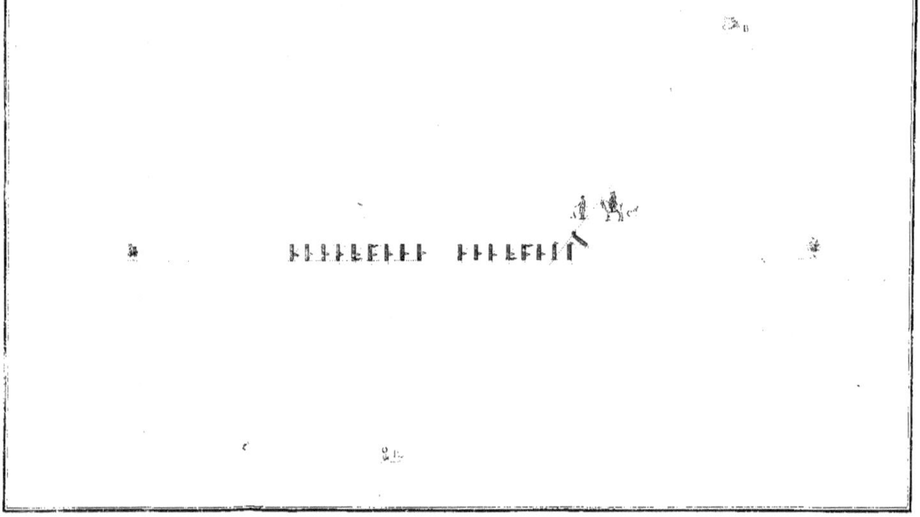

Deuxième Opération.

COMMANDEMENS pour le mouvement exécuté sur cette Planche.

5.
A droite. ✳ ✳ ✳
6.
Marche. ✳ ✳ ✳

Explication de la Planche.

Fig. 1. Au premier commandement, toute la ligne a fait à droite, excepté la Compagnie de Grenadiers, & les premier & deuxième pelotons du premier bataillon.

Au second commandement, la Compagnie de Grenadiers, tête de la colonne, avance sur le point de vue *B* : tous les pelotons marchent par le flanc droit pour prendre rang dans la colonne, excepté le premier & le second, qui y entrent en marchant par le front.

C.el-Commandant qui se retourne pour gouverner la direction de la colonne dans le point de vue en arrière. On voit les Chefs ♂ des premier & deuxième pelotons du deuxième bataillon, placés sur l'alignement des Chefs de file, laissant couler leurs pelotons pour entrer dans la colonne. La ligne ponctuée qui se trouve devant le premier peloton du deuxième bataillon, marque le mouvement que fait ce peloton, à l'instant où il fait *halte*, pour se mettre parallèlement. Chaque Chef de peloton, après avoir commandé *halte*, commande *front*, *marche*, *tête* ══ *à gauche.*

Fig. 2. Représente un changement de position en marchant, la tête de la colonne s'arrêtant, avant que tous les pelotons y aient pris rang, & le mouvement que font ces derniers pelotons, représentés par les rectangles au trait & pointillés, pour venir se placer dans la colonne. L'avertissement en est fait par les Chefs de bataillon, à l'instant où l'on commande *halte* à la colonne.

On voit les Chefs de ces pelotons ♂ placés dans l'alignement des Chefs de file, & à leur distance, ayant laissé couler leur peloton, comme il est représenté dans la figure première, pour les premier & second pelotons du deuxième bataillon, & ayant fait à leurs pelotons, lorsqu'ils ont eu pris rang dans la colonne, les commandemens *halte*, *front*, *à gauche* ══ *alignement.*

Le peloton numeroté 6, qui prenoit rang dans la colonne en appuyant vers la tête, comme il est indiqué pour les changemens de position en marchant, se jette brusquement en arrière, pour reprendre sa distance.

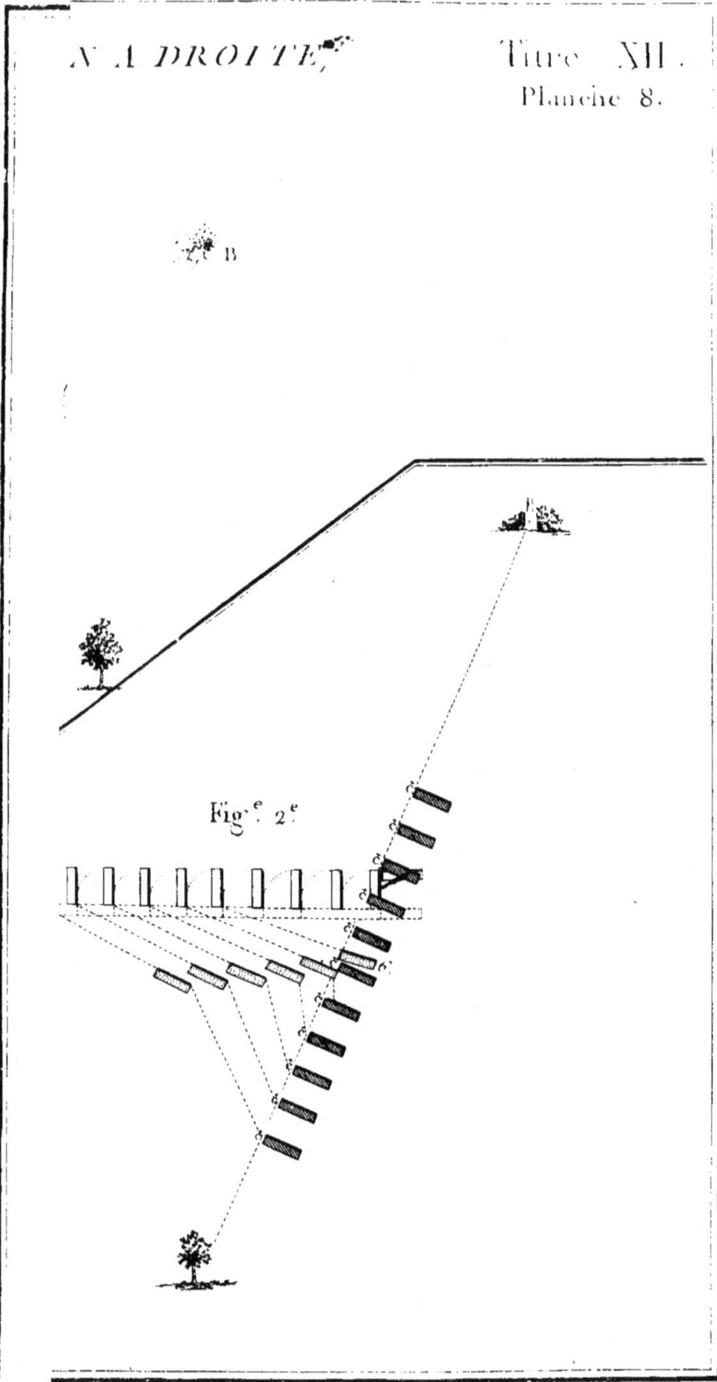

N A DROITE,
Titre XII.
Planche 8.
B
Fig.e 2.e

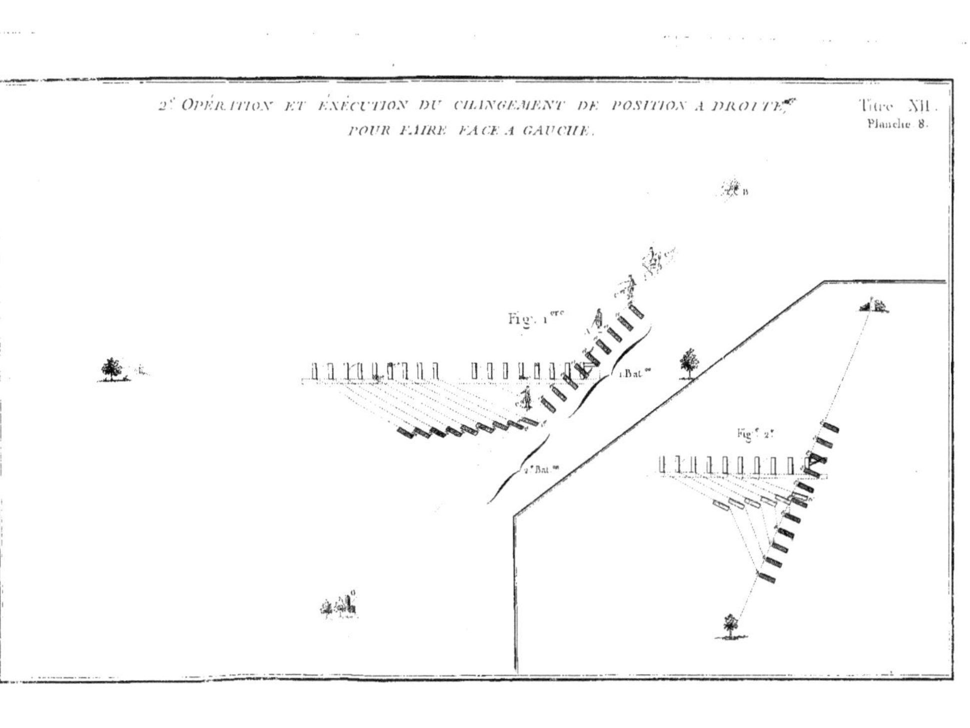
Fig. 1ᵉʳᵉ
1ᵉ Batᵒⁿ
2ᵉ Batᵒⁿ
Fig. 2ᵉ
B

Première opération.

COMMANDEMENS pour le mouvement exécuté fur cette Planche.

1.

Changement de pofition à gauche, pour faire face à gauche. ✶ ✶

2.

Par peloton ═ à gauche. ✶ ✶

3.

Marche. ✶ ✶

4.

Halte, alignement. Č

Explication de la Planche.

La ligne s'eft rompue à gauche, & la Compagnie de Grenadiers a con-
tinué le mouvement de converfion pour fe mettre dans la direction
choifie. L'Aide-major *A* eft aligné fur l'arbre *B* par le Capitaine de
Grenadiers ⚜ placé fur l'aile droite. Cet Aide-major indique au Com-
mandant-C.ᵉˡ la maifon *O*, point de vue en arrière. On voit les Chefs
des deux derniers pelotons du deuxième bataillon, ainfi que le Capitaine de Grenadiers, placès à l'aile droite de leurs pelotons.

CHANGEMENT DE POSITION A GAUCHE POUR FAIRE FACE A GAUCHE.

Titre XII.
Planche 9.

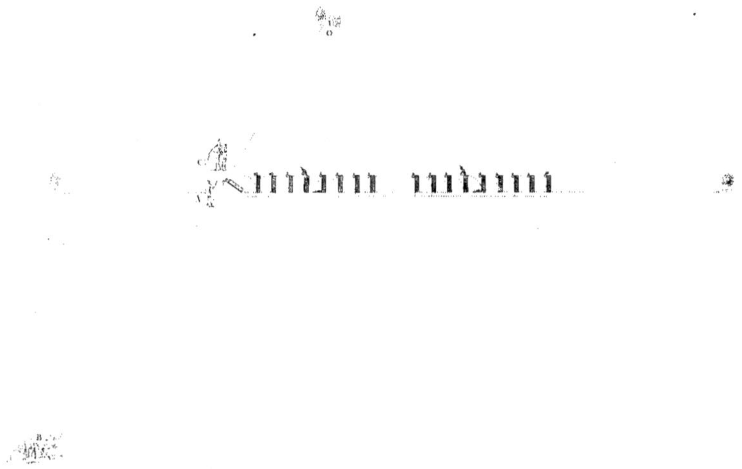

Deuxième opération.

COMMANDEMENS pour le mouvement exécuté fur cette Planche.

5.

A droite. ★★★

6.

Marche. ★★★

Explication de la Planche.

La Compagnie de Grenadiers, tête de la colonne, avance fur le point de vue *B* ; les autres pelotons marchent par le flanc droit, pour prendre rang dans la colonne, excepté les feptième & huitième pelotons du fecond bataillon, qui marchent par le front. Les Chefs de peloton fe plaçant au pivot droit, commandent, *halte, front, marche.*

C.ᵉˡ-Commandant qui fe retourne pour gouverner la direction de la colonne dans le point de vue en arrière.

2.ᵉ OPÉRATION ET EXÉCUTION DU CHANGEMENT DE POSITION A GAUCHE.
POUR FAIRE FACE A GAUCHE.

Titre XII
Planche 10.

COMMANDEMENS.

1.

Changement de pofition à droite de pied ferme , pour faire face à gauche. ✶✶

2.

Par peloton ═ à droite. ✶✶

3.

Marche. ✶✶

4.

Halte, à gauche ═ alignement. ꝯ

5.

A droite. ✶✶✶

6.

Marche. ✶✶✶

Explication de la Planche.

La ligne s'eft rompue à droite, & la Compagnie de Grenadiers a été placée en avant dans la direction choifie. Le Commandant-C.ᵉˡ indique l'arbre *B* , point de vue en arrière au Capitaine de Grenadiers. ⚜

Tous les pelotons ont fait *à droite* , & en gardant leur diftance ont marché par le flanc droit , pour venir prendre rang dans la colonne.

Les Chefs de peloton, en arrivant fur la ligne de direction, s'y font arrêtés ; & après avoir vu entrer tout leur peloton dans la colonne, ont fait les commandemens , *halte, front, à gauche* ═ *alignement.*

CHANGEMENT DE POSITION À DROITE POUR FAIRE FACE À GAUCHE,
LE PELOTON DE LA TÊTE NE BOUGEANT PAS.

Titre XII.
Planche II.

COMMANDEMENS.

1.
Changement de position central, la droite en tête. ✳ ✳

2.
Par peloton ⚊ *à droite.* ✳ ✳

3.
Marche. ✳ ✳

4.
Halte, à gauche ⚊ *alignement.* &

5.
A gauche & à droite. ✳ ✳ ✳

6.
Marche. ✳ ✳ ✳

Explication de la Planche.

La ligne a rompu à droite, excepté le huitième peloton du premier bataillon, & le premier peloton du deuxième bataillon. Le huitième peloton a été placé par le Commandant - C.^{el} dans la direction de l'arbre *B*. Le premier peloton du deuxième bataillon est venu se placer derrière ce peloton : son Chef s'est mis sur l'aile gauche pour se trouver derrière le Chef du huitième peloton, & dans l'alignement du point de vue en avant. Les pelotons du premier bataillon marchant par leur flanc gauche, les pelotons du deuxième marchant par leur flanc droit, sont venus prendre rang dans la colonne. Les Chefs des pelotons du premier bataillon, en commandant *halte* à leurs pelotons qui restent en file, se sont placés par un *à gauche* en file des Chefs des deux pelotons de direction. Les Chefs des pelotons du second bataillon, en arrivant sur la ligne de direction, s'y sont arrêtés, ont laissé couler leur peloton pour entrer dans la colonne, & ont fait les commandemens *halte, front, à gauche* ⚊ *alignement.* Les Chefs des pelotons du premier bataillon ne leur commandent *front, à gauche* ⚊ *alignement,* qu'à l'avertissement du Commandant en chef.

CHANGEMENT DE POSITION CENTRAL A GAUCHE, LA DROITE EN TÊTE

Titre XII.
Planche 12.

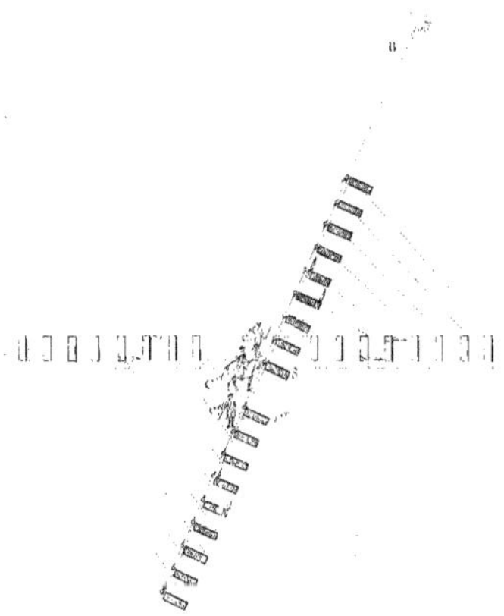

COMMANDEMENS.

1.

Changement de position central, la gauche en tête. ✶✶

2.

Par peloton ═ à gauche. ✶✶

3.

Marche. ✶✶

4.

Halte, alignement. ℰ

5.

A gauche & à droite. ✶✶✶

6.

Marche. ✶✶✶

Explication de la Planche.

La ligne a rompu à gauche, excepté le premier peloton du deuxième bataillon, qui a été placé par le Commandant-C.ᵉˡ, dans la direction de l'arbre B, point de vue en avant, qu'il indique au Chef de ce peloton & placé sur l'aile droite, ainsi que le huitième peloton du premier bataillon, qui a été placé derrière, dans la même direction. Les pelotons du premier bataillon marchant par le flanc gauche, les pelotons du deuxième bataillon marchant par le flanc droit, viennent prendre rang dans la colonne.

Les Chefs des pelotons observant, par l'inverse, ce qui est prescrit dans l'explication de la Planche du *changement de position central*, **la droite en tête.**

CHANGEMENT DE POSITION CENTRAL A DROITE, LA GAUCHE EN TÊTE.

Titre XII.
Planche 13.

COMMANDEMENT.

I.

Changement de front à droite ⸻ par peloton. ✶✶

A ce commandement, les Chefs de peloton avancent l'épaule gauche, & commandent, *alignement.*

2.

Pas redoublé ⸻ marche. ✶✶✶

Explication de la Planche.

Les rectangles au trait & en blanc représentent les pelotons s'étant déboîtés au commandement *alignement*, pour s'aligner chacun fur leur Chef, & faire face à la nouvelle pofition

Ce qui eft au trait & haché repréfente la ligne formée en partie fur la nouvelle pofition.

On voit les derniers pelotons du deuxième bataillon ayant leur droite dirigée fur l'aile gauche du peloton qui les précède, arrivant fucceffivement pour fe mettre en bataille. Le quatrième peloton eft arrêté à un pas en arrière de l'alignement, pour fe mettre parallèlement, & avancer enfuite pour s'aligner. On voit le Chef ♁ de ce peloton, qui, en lui commandant *halte*, s'eft porté fur l'alignement, pour bien s'aligner de fa perfonne, avant de commander *alignement;* ce qui eft exécuté de même par tous les Chefs de peloton.

Les Chefs de bataillon C.^{ef} font placés fur l'aile droite de leur bataillon, pour aligner leur bataillon fur le point de vue de gauche *B.*

Le Commandant-C.^{el} eft placé de même fur l'aile droite de la ligne, pour rectifier l'alignement général.

Fig. 2. Repréfente les troifième, quatrième & cinquième pelotons, pour montrer la place que vient occuper à l'aile droite de fon peloton, le Chef ♁ du cinquième peloton.

On voit qu'il a pris la place du drapeau, afin qu'il ne fe trouve point d'ouvertures dans le bataillon, lorfqu'étant aligné, les Chefs de peloton retournent à leur place. Il en eft de même pour le Chef du huitième peloton, qui prend la place de fon Sous-lieutenant.

Lorfque l'on change de front à gauche, les Chefs de peloton fe portent à la gauche de leur peloton. En y arrivant, ils avancent l'épaule droite, & commandent, *à gauche ⸻ alignement.* Le Chef du quatrième peloton vient prendre de même, à l'aile gauche de fon peloton, la place du drapeau, & le Sous-lieutenant du huitième peloton fe met en ferre-file, ainfi que le Sergent qui eft derrière lui. Les Chefs de peloton reprennent leur place au commandement, *tête ⸻ à droite*, fait par le Chef de bataillon, lorfque le bataillon eft aligné.

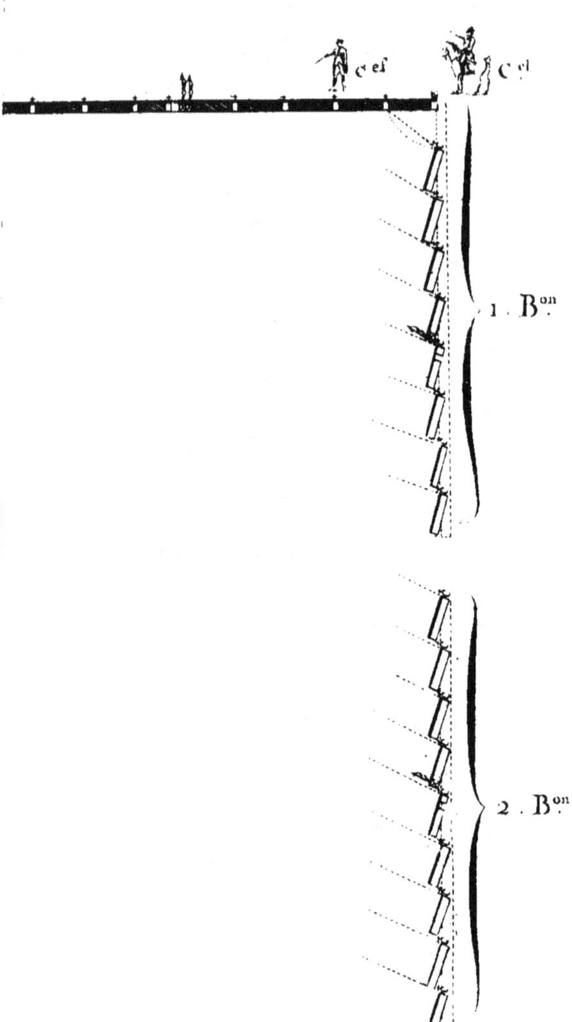
Chef
Col
1 . B.on
2 . B.on

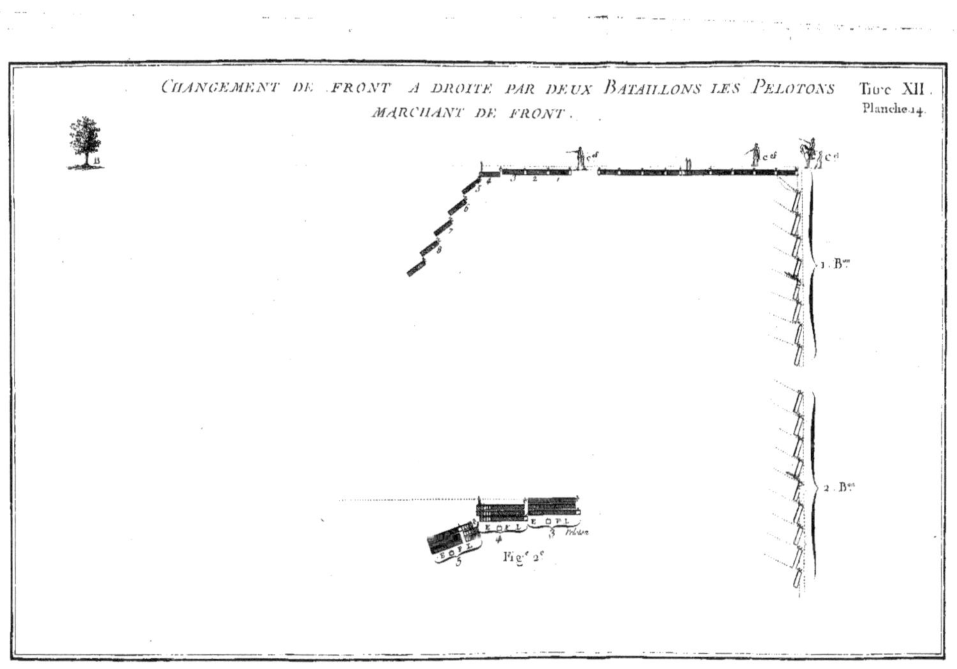
B
1. B.on
2. B.on
E Q P L
E Q P L
E Q P L
Peloton
Fig.e 2.e

      C O M M A N D E M E N S.

I.

Sur la quatrième division du premier bataillon , déployez la colonne. ✶

2.

A droite & à gauche. ✶

3.

Marche. ✶

Nota. Dans les colonnes ferrées en masse, les Chefs de bataillon ne répetent point les commandemens, mais avertissent à demi-voix leurs bataillons du mouvement qu'ils ont à faire.

Explication de la Planche.

f. I. Les bataillons font marqués fe déployant. Ce qui eft au trait & haché repréfente les divifions en bataille , ou encore en colonne.

Le déployement de cette figure première eft arrêté, afin d'en pouvoir mieux démontrer le méchanifme.

Les Chefs de divifion font placés, pendant le déployement, devant le centre de leur divifion , excepté le Capitaine de Grenadiers du premier bataillon, qui eft à côté du premier homme de fa Compagnie, pour le diriger fur le point de vue de droite. Un Serre-file le plus près du flanc, ou un Bas-officier de remplacement, eft placé devant l'homme du premier rang , pour garder, pendant le déployement, la diftance de deux pas qui doit être entre les divifions , & lorfque le tour de déployer de fa divifion , arrive, prendre le terrain néceffaire pour la contenir , fubordonnément au commandement du Chef de divifion.

Les rectangles au trait & pointillés, dans le premier bataillon, repréfentent les quatrième & troifième divifions fur le terrain d'où elles font parties pour avancer fur l'alignement, ayant leur Chef un pas en avant de leur aile gauche. La deuxième divifion a fait *halte , front & téte* ═ *à gauche*, au commandement de fon Chef, qui s'eft placé de même un pas en avant de l'aile gauche : cette divifion attend , pour avancer fur l'alignement , qu'elle foit découverte par la première.

Dans le deuxième bataillon, les rectangles au trait & en blanc repréfentent la pofition dans laquelle fe trouve la première & la deuxième divifion, à l'inftant où leur Chef leur commande *halte, front.* La ligne ponctuée qui eft en avant de la première divifion, repréfente l'alignement parallèle, un peu en avant de la droite duquel fe place le Chef de divifion. Les rectangles au trait & pointillés marquent les deux divifions en marche, pour fe porter fur l'alignement, s'étant redreffées en marchant, pour fe mettre parallèlement à la ligne de bataille.

Les Chefs de divifion commandent *halte*, un pas en arrière de l'alignement ; obfervent, pour s'aligner, ce qui a été dit dans la Planche précédente , & commandent enfuite à leur divifion , *à gauche* ═ *alignement*, ou *alignement*.

Les Chefs de bataillon placés dans l'intervalle des bataillons, alignent leur première divifion , bafe d'alignement ; celui du premier bataillon, fur le point de vue de droite *B* ; celui du fecond bataillon , fur celui de gauche *O* ○ ○, Tambours placés fur le front de la divifion d'alignement, contre lefquels cette divifion vient fe placer, afin que les points de vue fe trouvent en avant du front.

Les Aides-major *AA* fuivent les divifions pendant le déployement, pour avertir les divifions en faute , & remédier aux diftances qui pourroient fe perdre ; celui du premier bataillon qui déploye à droite, fuit parderrière fon bataillon ; celui du fecond bataillon qui déploye à gauche, fuit pardevant le front, & empêche les divifions, en déployant, de déborder l'alignement.

g. 2. Les bataillons font marqués déployés : ce qui eft haché les repréfente.

Les rectangles au trait, en blanc ou pointillés, repréfentent les divifions déployées fur le terrain d'où elles ont avancé fur l'alignement. Les Chefs de divifion du premier bataillon ont repris leurs places à la droite de leur divifion, au commandement *téte* ═ *à droite*, fait par le Chef de bataillon.

LINT.

Titre XIII.
Planche 15.

B

B

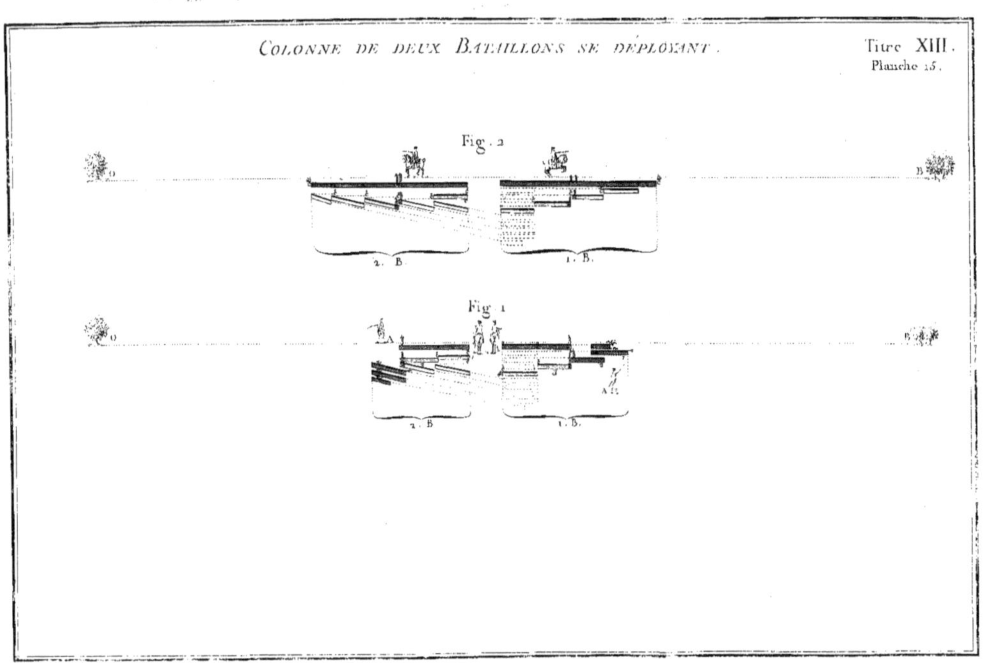
Fig. 2
O
B
2. B.
1. B.
Fig. 1
O
B
2. B.
1. B.
A.

. *1.* Repréfente la colonne.

.2. C O M M A N D E M E N S.

1.

Par bataillon en Maffe fur le troifième bataillon , déployez la colonne. ✳

2.

A droite & à gauche. ✳

3.

Marche. ✳

Nota. Les Chefs de bataillon avertiffent à demi-voix

Explication.

Les quatre bataillons fe placent à côté les uns des autres : le déployement fe fait fur le troifième bataillon qui fert d'alignement ; lorfqu'il eft découvert , il avance fur l'alignement marqué par les deux
Tambours o o , pour fe placer fur la ligne au trait en arrière d'eux.

3. Les quatre bataillons font placés à côté les uns des autres, & avancent
dans cet ordre fur le terrain où ils doivent fe déployer.

4. Les bataillons fe déployent fur les Grenadiers du deuxième bataillon.
Les deux Tambours o o , pour marquer l'alignement , font placés
devant la première divifion du deuxième bataillon , à la diftance
du front de la Compagnie de Grenadiers. Le premier & le deuxième
bataillon, excepté fes Grenadiers, ont fait *à droite* ; les troifième
& quatrième bataillons ont fait *à gauche*. Les rectangles ponctués
marquent le terrain des bataillons avant de déployer.

Les rectangles au trait marquent, dans les deux bataillons, les divifions
placées fur le terrain d'où elles partent , pour avancer fur l'alignement.

Les Chefs de bataillon, placés dans l'intervalle des bataillons, alignent
leurs bataillons fur les points de vue ; ceux du premier & du deuxième bataillon , fur le point de vue de droite *B* ; ceux du troifième & du quatrième , fur le point de vue de gauche *O*.

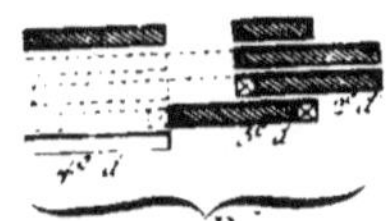

1. B.

LONS PLACÉS D'ABORD

Titre XIII.
Planche 16.

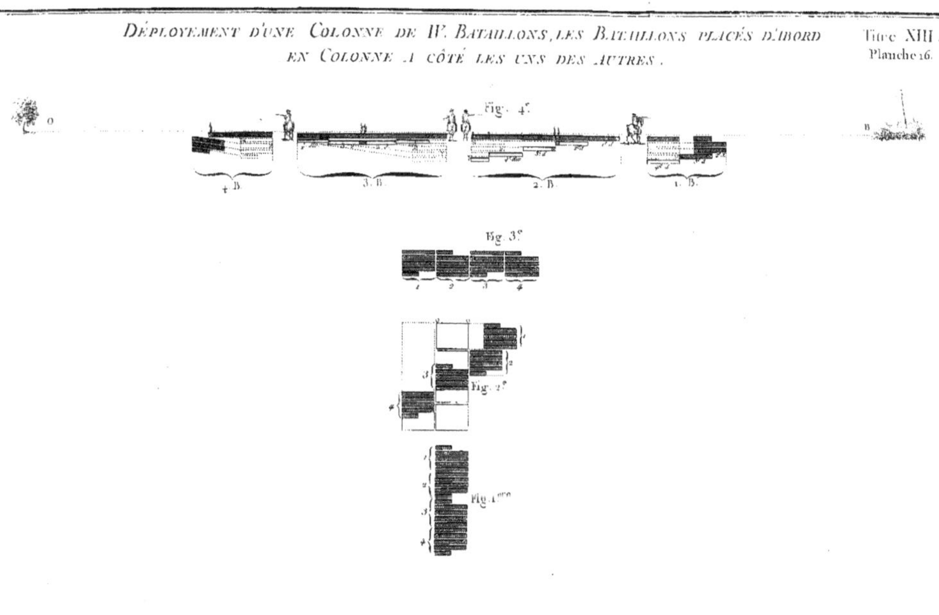
Fig. 4.
4. B.   3. B.   2. B.   1. B.
Fig. 3.
1   2   3   4
Fig. 2.
Fig. 1.ere

COMMANDEMENS.

I.

Par la queue de la colonne, prenez vos distances. ✳

2.

Pas redoublé ══ marche. ✳

Explication de la Planche.

Le Capitaine de Grenadiers, tête de la colonne, placé à la gauche de sa Compagnie, ainsi que les Chefs de division à l'aile gauche de leur division, se dirige sur le point de vue en avant *B*, qui lui est indiqué par le Commandant en chef.

Ce qui est ponctué marque le terrain qu'occupoit la colonne avant de commencer le mouvement.

On voit la Compagnie de Grenadiers, & les quatrième, troisième & deuxième divisions du deuxième bataillon qui ont leurs distances : ce qui s'est exécuté de la manière suivante.

La quatrième division ayant donné la distance à la Compagnie de Grenadiers, le Capitaine de Grenadiers au même instant lui a commandé, *quatrième division, halte.*

Le Chef de cette division a commandé aussitôt à sa division, *à gauche ══ alignement.*

Le Chef de la quatrième division, après avoir reçu sa distance de la troisième, lui a commandé de même, *troisième division, halte*, & le Chef de cette division a commandé aussitôt à sa division, *à gauche ══ alignement.* Le Chef de la troisième division a fait arrêter de même la seconde division. Chacun de ces Chefs, après avoir fait arrêter la division qui précède la sienne, a fait *demi-tour à droite*, comme on le voit sur la figure, pour se mettre en file sur le Capitaine de Grenadiers, & être dirigé sur le point de vue *B*, par le Commandant en chef C.^{el} qui se tient à la queue de la colonne.

B.

C.

COMMANDEMENS pour la Figure première.

1.

La droite en tête sur le huitième peloton du premier bataillon, formez la colonne. ✱✱

2.

A gauche & à droite. ✱✱

3.

Marche. ✱✱

Explication de la Planche.

Fig. 1. La colonne est formée sur le huitième peloton du premier bataillon.

Le premier bataillon, excepté ce peloton, a fait *à gauche*, & les premières files de gauche de chaque peloton se sont déboîtées un peu à droite.

Le deuxième bataillon a fait *à droite*; les premières files droites de chaque peloton ont déboîté aussi à droite; les Chefs de peloton se sont placés à côté de leur première file, pour la conduire.

Au commandement *marche*, les pelotons sont venus se former; ceux du premier bataillon en avant du huitième peloton; ceux du deuxième bataillon en arrière de ce huitième peloton: en y arrivant, chaque Chef a commandé *halte, front, à gauche = alignement.*

Ce qui est ponctué représente les bataillons avant de former la colonne, & le mouvement des premières files pour se déboîter.

Ce qui est au trait & haché représente la colonne formée.

Fig. 2. Colonne de quatre bataillons, formée par division.

Dans une des dispositions qu'on peut employer en plaine contre la Cavalerie, les Drapeaux & un Sergent de leur escorte sont en serre-files derrière le peloton qui précède celui auquel ils sont attachés, & tous les Tambours X entre le deuxième & le troisième bataillon. . . Les deux premières Compagnies de Grenadiers sont dans cette figure à la tête de la colonne; les deux dernières à la queue; le Commandant en chef pouvant les placer, selon qu'il le juge nécessaire, à la tête, à la queue, aux angles, ou sur les flancs.

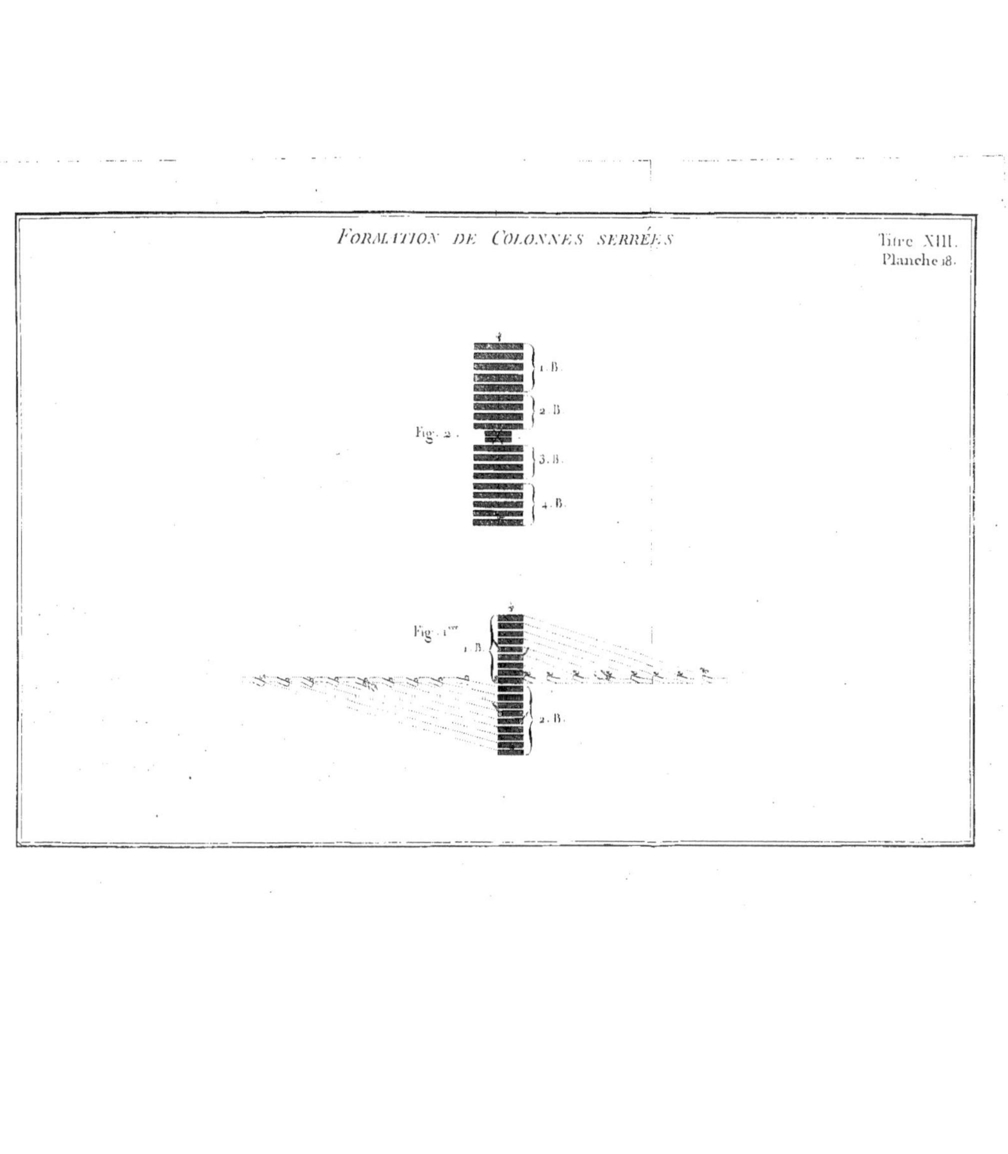

FORMATION DE COLONNES SERRÉES
Titre XIII.
Planche 18.
Fig. 2.
1. B.
2. B.
3. B.
4. B.
Fig. 1.er
1. B.
2. B.

Commandemens.

I.

Ouvrez la colonne. ✶

2.

Les deux divisions de la tête & les deux divisions de la queue ne bougent. ✶

3.

A droite & à gauche. ✶

4.

Marche. ✶

5.

Halte ⸗ front. ✶

Nota. **Les Chefs** de bataillon avertissent à demi-voix.

Explication de la Planche.

La colonne est composée de deux bataillons, & formée par division : les deux Compagnies de Grenadiers font, dans cette figure, placées à la tête.

Ce qui est ponctué marque le terrain qu'occupoient les divisions de la colonne, avant de faire le mouvement pour s'ouvrir.

Pour faire marcher cette colonne en avant, le Commandant en Chef commande :

I.

Colonne en avant. ✶

2.

Marche. ✶

La colonne marche avec la tête au centre, la file intérieure des flancs alignée sur la file du centre des pelotons qui ont la tête de la colonne.

La figure représente la colonne ainsi ouverte, qui a été obligée de s'arrêter pour faire face des quatre côtés : le Commandant en chef lui a commandé :

I.

Colonne ⸗ Halte. ✶

2.

Face ⸗ en dehors. ✶

On voit les Chefs de peloton ¿ dans le premier rang du flanc droit & du flanc gauche, pour remplir l'intervalle qui se trouve entre les pelotons, conjointement avec un des Serre-files le plus près du flanc, ou les premiers Sergens de remplacement ⬓ , qui font derrière les Chefs de peloton.

Le premier rang de chaque flanc se met sur la même ligne ; les dernières files des quatrième & cinquième pelotons dans l'intérieur de la colonne, ne se trouvent point alignées avec celles des autres pelotons, parce que les drapeaux s'étant placés en serre-files, comme il a été dit dans l'explication de la Planche précédente, ces pelotons ont une file de moins.

Les Tambours font placés dans le vuide, ainsi que les Officiers de l'Etat-major.

On voit les pièces de canon placées dans les angles, & l'une d'elles est mise en travers, pour montrer qu'à l'instant où la Cavalerie est censée aborder, on peut s'en servir comme de cheval de frise pour fortifier les angles. Les Canonniers représentés par les petits quarrés ▢ , se trouvent alors derrière la pièce, & tirent pardessus.

Titre XIII.
Planche 19.

COLONNE OUVERTTE FAISANT FACE DES QUATRE CÔTÉS

Titre XIII.
Planche 19.

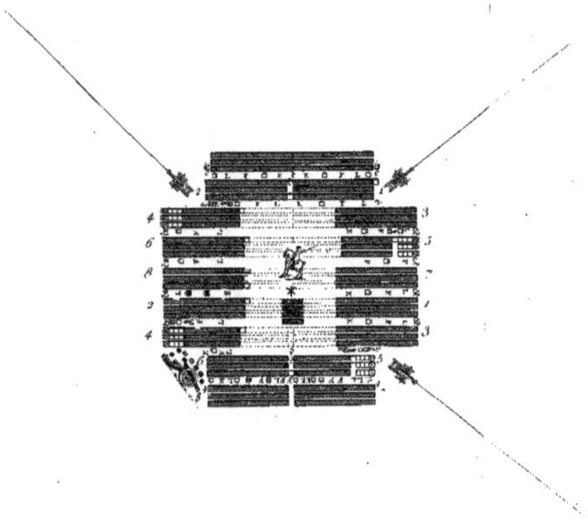

COMMANDEMENS.

I.

Par file en avant = passez le défilé. ✶✶

Explication de la Planche.

1. Le pont se trouve devant le septième peloton du premier bataillon. Huit files de ce peloton continuent de marcher en avant pour passer sur le pont : la partie droite de ce bataillon a fait *halte & à gauche* ; le huitième peloton & le deuxième bataillon ont fait *halte & à droite*.

2. Tout ce qui a fait *à droite & à gauche* suit par le flanc les huit files du septième peloton : à mesure que chaque file a passé le pont, elle rentre en ligne.

Les petits ronds hachés représentent les files qui se mettent en bataille ; & les lignes ponctuées, le chemin sur lequel elles ont passé.

Les petits ronds au trait représentent les files encore sur le pont, & marchant par le flanc.

LVC.
Titre XIV
Planche 20.

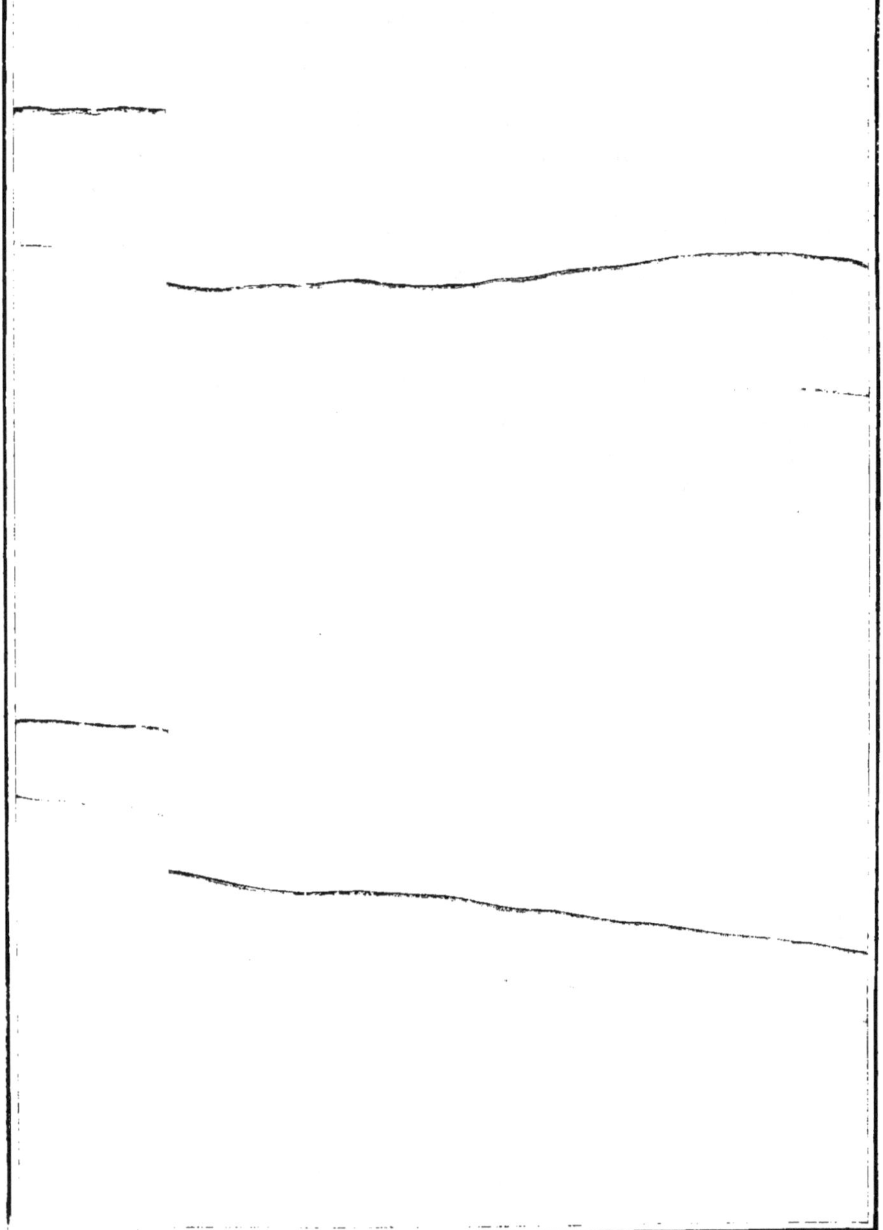

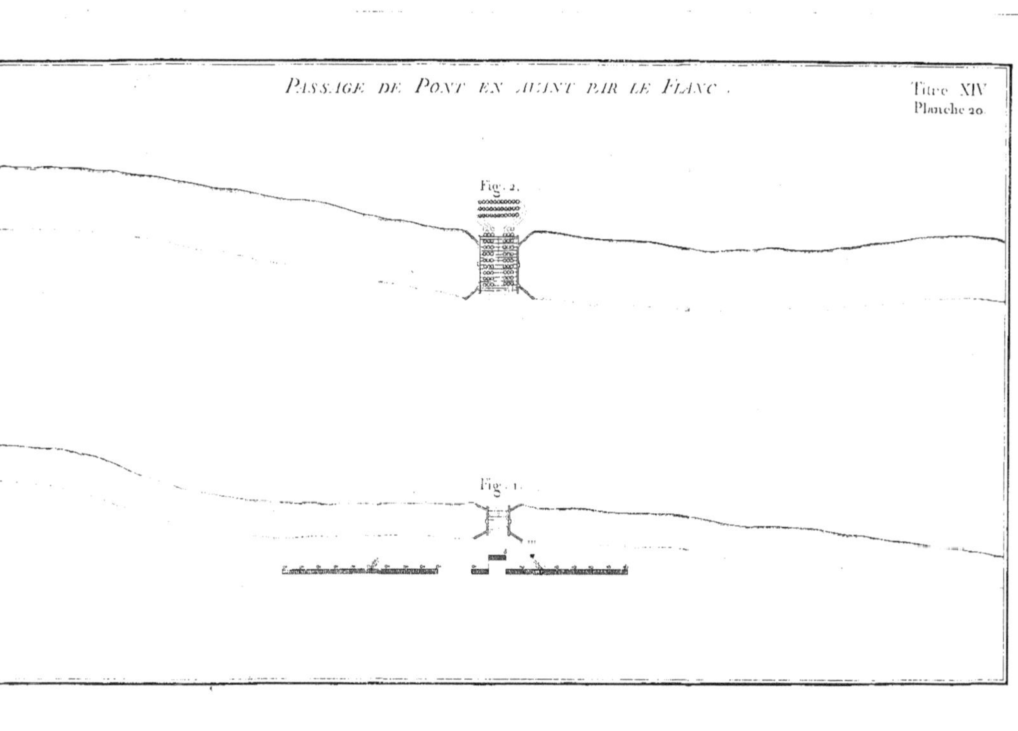

Fig. 2.
Fig. 1.

COMMANDEMENS.

1.
Halte. ✶✶

2.
Par pelotons en avant = passez le défilé. ✶✶

Explication de la Planche.

Les rectangles ponctués représentent les bataillons de droite & de gauche avant de passer le défilé, ceux de droite ayant rompu à gauche par peloton, & ceux de gauche à droite. Les rectangles au trait les représentent dans le défilé.

Les rectangles au trait & pointillés réprésentent les pelotons des bataillons de droite & de gauche, se séparant en sortant du défilé, pour se mettre en bataille.

Les rectangles au trait & hachés représentent les bataillons en colonne ayant marché obliquement à droite & à gauche pour se trouver derrière les ailes extérieures des pelotons de leur tête, qui se forment en bataille à mesure que le débouché s'élargit.

Les Chefs de peloton č sont placés sur l'aile extérieure. On voit les trois premiers pelotons de la tête de la colonne de gauche, ainsi que les trois derniers de celle de droite, déjà formés en bataille avec deux Officiers de serre-file ŏ en avant, pour leur marquer le pas.

LOTON .
Titre XIV.
Planche 21 .
LOTON .

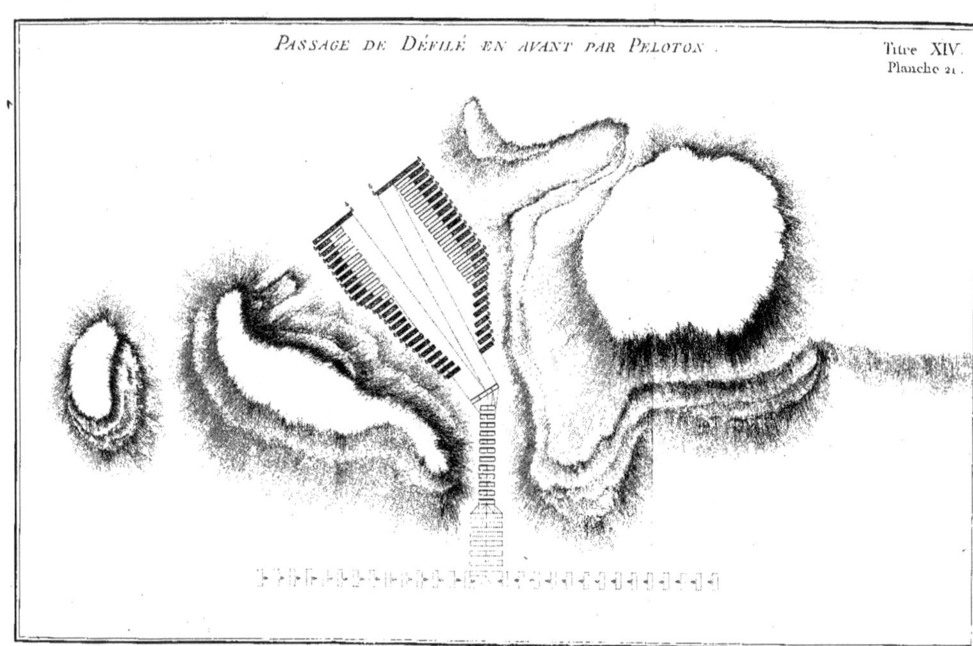

COMMANDEMENS.

Par files en arrière par les ailes = passez le défilé. ✱✱

Explication de la Planche.

La ligne repréfentée par deux bataillons, s'étant approchée du pont, fait *halte* & *front*.

Les files de l'aile droite & celles de l'aile gauche font fucceffivement *à droite* & *à gauche*, pour, en marchant par le flanc, filer derrière les bataillons, & entrer dans le défilé.

Ce qui eft au trait & en blanc repréfente le terrain qu'occupoient, avant de fe retirer, la Compagnie de Grenadiers, les premier, deuxième, troifième, quatrième & cinquième pelotons du premier bataillon ; ainfi que la Compagnie de Grenadiers, les huitième, feptième, fixième, cinquième & quatrième pelotons du deuxième bataillon. Les lignes ponctuées qui fe trouvent derrière cette partie, marquent le chemin fur lequel ont paffé les files de ces pelotons.

Ce qui eft au trait & en petits quarrés repréfente les trois rangs ainfi que les files, & marque les pelotons encore de pied ferme, ou fe retirant. On voit le mouvement que font fucceffivement & fur leur terrain les files de droite du fixième peloton du premier bataillon, ainfi que celui des files de gauche du troifième peloton du fecond bataillon, pour fe retirer.

Ce qui eft au trait & haché repréfente les deux bataillons ayant en partie paffé le pont, & les derniers pelotons fur le pont, ou en chemin pour le paffer.

On voit le cinquième peloton du premier bataillon, & le troifième peloton du fecond bataillon en marche au pas redoublé, par conféquent détachés de ce qui les fuit, pour venir prendre rang dans la colonne, & avoir le temps de faire *halte*, *front*, & marcher fur la nouvelle ligne de direction, fans arrêter les pelotons qui fe trouvent derrière eux. Les Chefs de ces deux pelotons ♂ font placés fur l'alignement des Chefs des autres pelotons de la colonne, & laiffent couler leur peloton, pour entrer dans la colonne.

La petite féparation qui fe trouve entre le 6.ᵉ & le 7.ᵉ peloton du premier bataillon, ainfi que celle qui eft entre le premier & le fecond peloton du deuxième bataillon, marque que le fixième peloton du premier bataillon & le fecond du deuxième prennent le pas redoublé, parce que leur tête fe trouve à la fortie du défilé.

La tête du premier bataillon fe dirige fur l'arbre *O* ; celle du deuxième bataillon fur l'arbre *B*. Lorfque, le pont étant paffé, les bataillons fe trouvent entièrement en colonne, on fait faire *halte*, & la contre-marche au premier, ou au deuxième bataillon, pour enfuite fe mettre en bataille.

On voit que le deuxième bataillon a paffé plutôt le pont que le premier, parce que le pont ne fe trouve pas derrière le centre de la ligne.

6
3 2 1
O

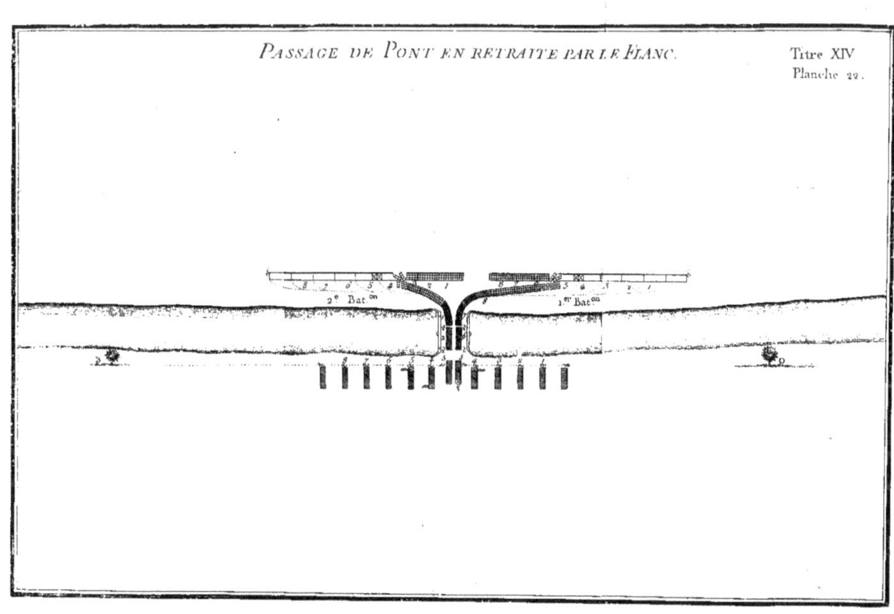
2ᵉ Batᵒⁿ
1ᵉʳ Batᵒⁿ

COMMANDEMENS.

Par pelotons en arrière par les ailes = paſſez le défilé. **

Explication de la Planche.

. Repréſente les bataillons avant de paſſer le défilé.

Les pelotons des ailes ont marché quatre pas en arrière, ceux du premier bataillon ont fait enſuite *halte & à gauche*, ceux du deuxième, *halte & à droite*, pour, en marchant par leur flanc, venir ſe réunir enſemble vis-à-vis du défilé, & y entrer: les autres pelotons font ſucceſſivement le même mouvement.

.. Repréſente les bataillons ayant paſſé le défilé, & formés en colonne ſerrée : la colonne continue de ſe retirer, ou bien la colonne fait *halte & front* pour ſe déployer.

PELOTON.

Titre XIV.
Planche 23.

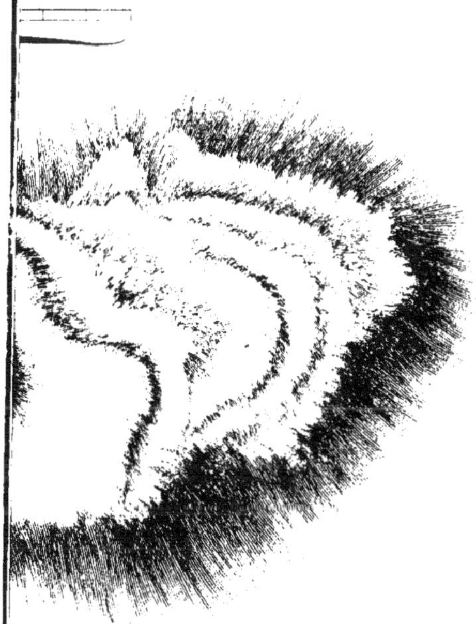

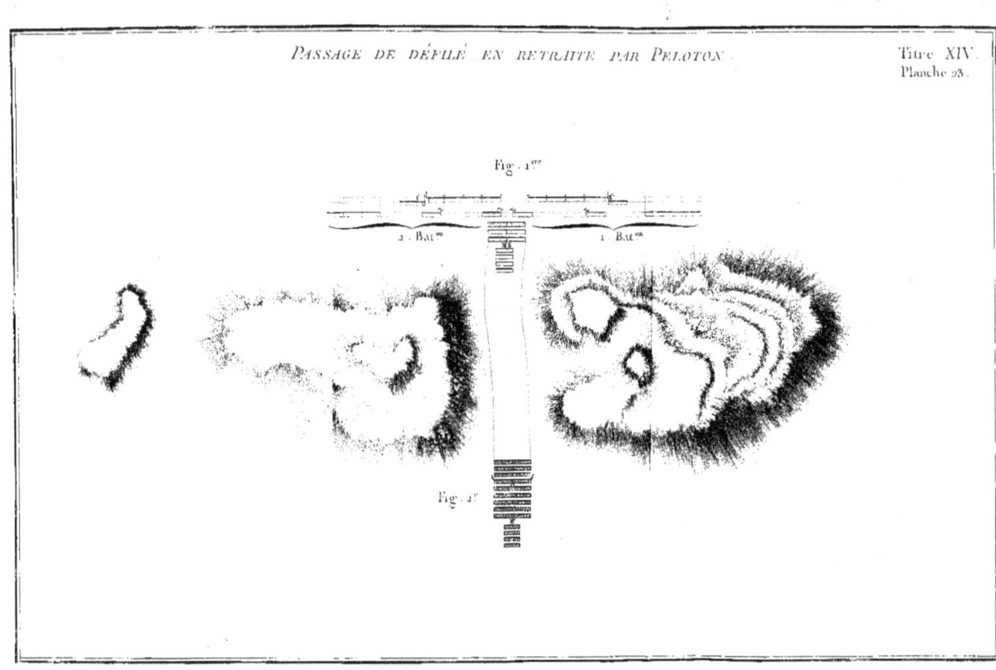
Fig. 1re
2. Baton
1. Bataon
Fig. 4e

COMMANDEMENS pour la figure première.

A droite = paſſez la ligne. ✶✶

Chaque Chef de bataillon commande auſſitôt, *à droite, marche.*

Explication de la Planche.

Fig. 1. La première ligne ſe retire , les pelotons marchant par leur flanc droit ; ce qui eſt ponctué les repréſente : elle paſſe dans les intervalles que lui fait la deuxième ligne. En arrivant ſur le terrain *O R*, la ligne fait *halte* ✶✶✶ : les Chefs de peloton , en ſe plaçant au pivot gauche , commandent , *front , à gauche = alignement*, & les pelotons ſe trouvent dans la diſpoſition d'une colonne rompue par la droite ; elle ſe met enſuite en bataille.

Fig. 2. La ligne ſe retire , les pelotons marchant par leur flanc gauche : ce qui eſt ponctué les repréſente. Ils viennent ſe reformer en bataille ſur le terrain *T R* , en ſe trouvant d'abord dans la diſpoſition d'une colonne rompue par la gauche.

Nota. Les bataillons ne ſont point ſur la planche placés directement les uns derrière les autres , afin de faire voir que la deuxième ligne doit faire ouverture par-tout où les pelotons de première ligne ſe préſentent.

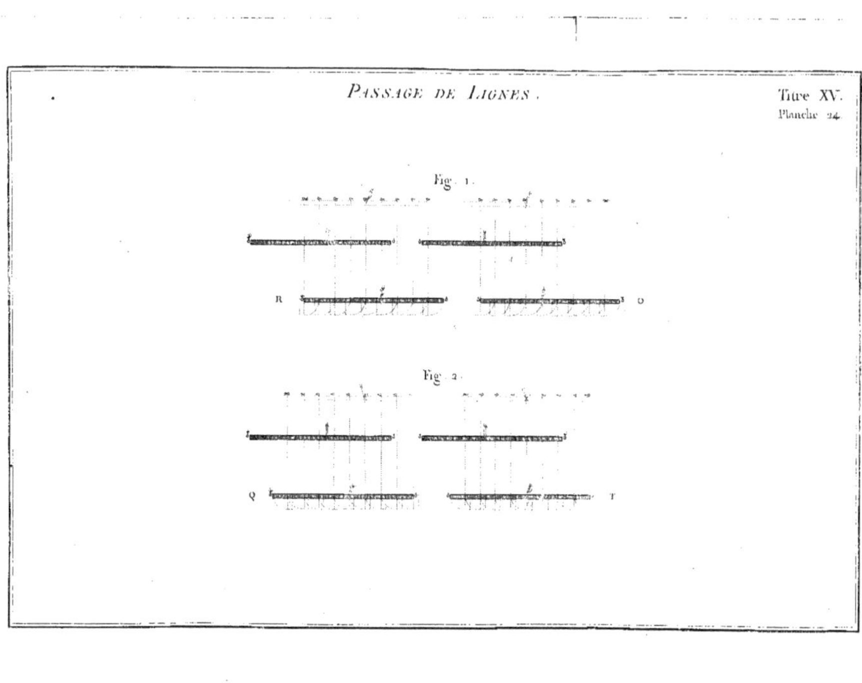
Fig. 1.
R
O
Fig. 2.
Q
T

Explication de la Planche.

Un Bas-officier de ferre-file, le plus près du flanc gauche (ou celui qui fe trouve fur l'aile gauche du huitième peloton & Grenadiers de gauche), eft placé fur l'aile gauche, côté du pivot, pour conferver la diftance.

Lorfque les finuofités du chemin obligent la colonne de tourner à droite ou à gauche, comme on le voit fur la figure, les Bas-officiers placés à l'aile gauche continuent toujours de marcher le pas de même longueur, comme s'ils étoient feuls, & n'ont d'autre attention que celle de conferver entr'eux la diftance du front de leur peloton.

Chaque peloton, en regardant continuellement à gauche, fe conforme, par les principes de l'alignement, à tous les changemens de direction, fans qu'il foit fait de commandement de mouvemens de converfion.

Dans cette marche, les files marchent à l'aife; les rangs s'ouvrent à un pas.

On ne doit pas exiger que le pas foit de la même jambe dans toute la colonne. Le Soldat porte l'arme fur une épaule ou fur l'autre, pourvu que le bout du canon foit en haut. A tous les commandemens *halte*, répétés par les Chefs de peloton, & fuivis de celui *à gauche = alignement*, qu'ils font auffitôt, les Soldats portent l'arme, ferrent les rangs & les files, pour joindre du côté du Bas-officier placé à gauche.

Lorfque la colonne doit être remife en bataille, on rectifie l'alignement en file des Sergens placés fur l'aile gauche, & on fe met en bataille, comme il fe voit fur la figure 2 de la Planche 3 du titre 9: ces Sergens reprennent leurs places en ferre-file, à l'avertiffement *pour fe mettre en bataille.*

1
2
3
4
5
6

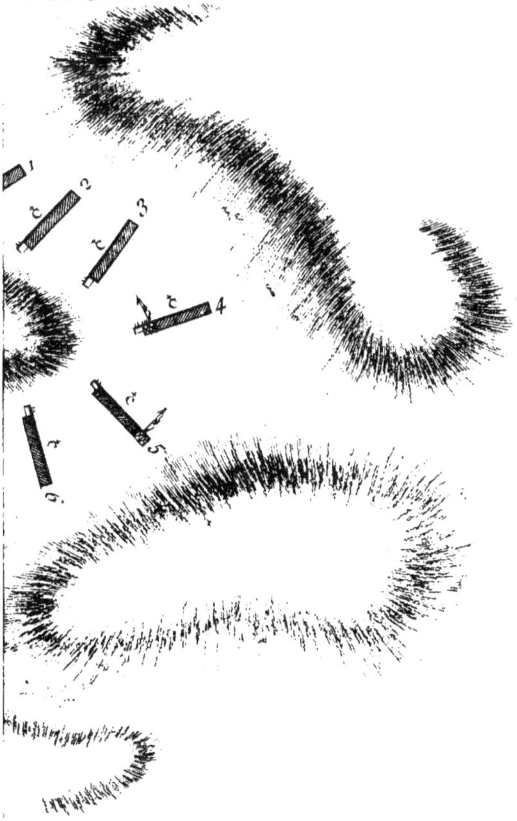

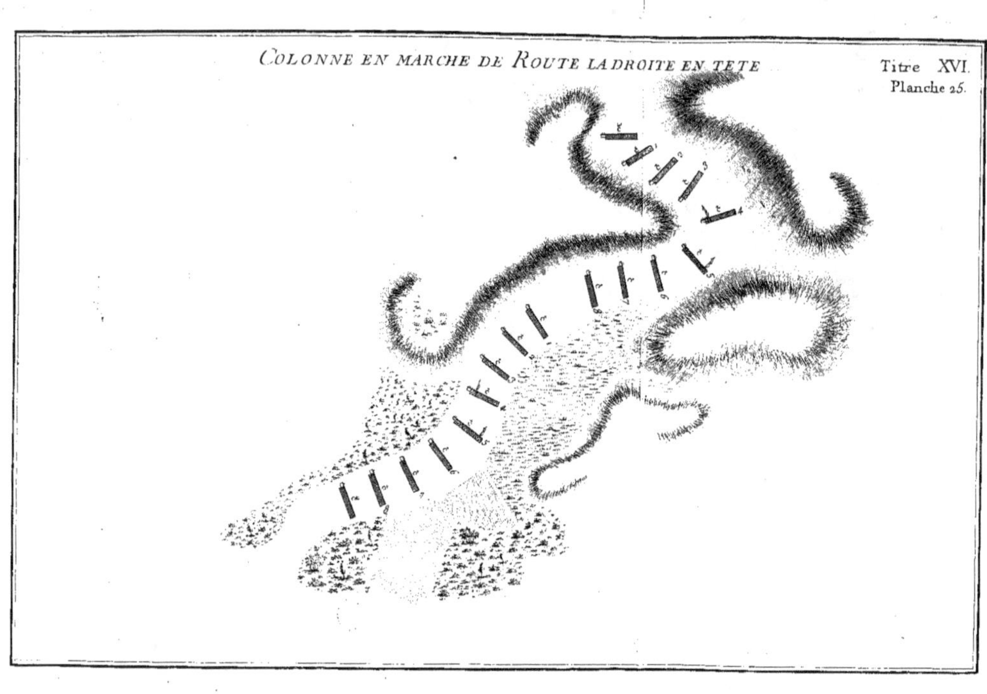

Colonne en marche de Route la droite en tête
Titre XVI.
Planche 25.

COMMANDEMENS.

1.

Prompte manœuvre. ✶ ✶

2.

A gauche. ✶ ✶ ✶

3.

Marche. ✶ ✶ ✶

Explication de la Planche.

La colonne ayant fa droite en tête, fait *à gauche*, & chaque peloton marche par fon flanç pour venir fe mettre en bataille, fa gauche dirigée fur l'arbre *B*.

Les rectangles au trait repréfentent les pelotons. Pendant le mouvement on voit fur la ligne ponctuée *O R* les deux premiers pelotons que le Commandant-C.ᵉˡ a fait arriver dans l'alignement du point *B*.

Pendant la marche, il tient le flanc du premier peloton continuellement aligné fur le point de vue de gauche & le flanc du fecond peloton, dont il dirige la marche, & fait ainfi, avec ces deux pelotons, & fucceffivement avec tous ceux qui prennent rang dans la colonne, un mouvement de converfion dont le point de vue *B* eft le pivot, jufques fur le terrain où il veut appuyer fa droite.

Les rectangles au trait & hachés repréfentent la colonne arrivée fur le terrain où elle doit fe mettre en bataille.

Titre XVI.

Planche 26.

R

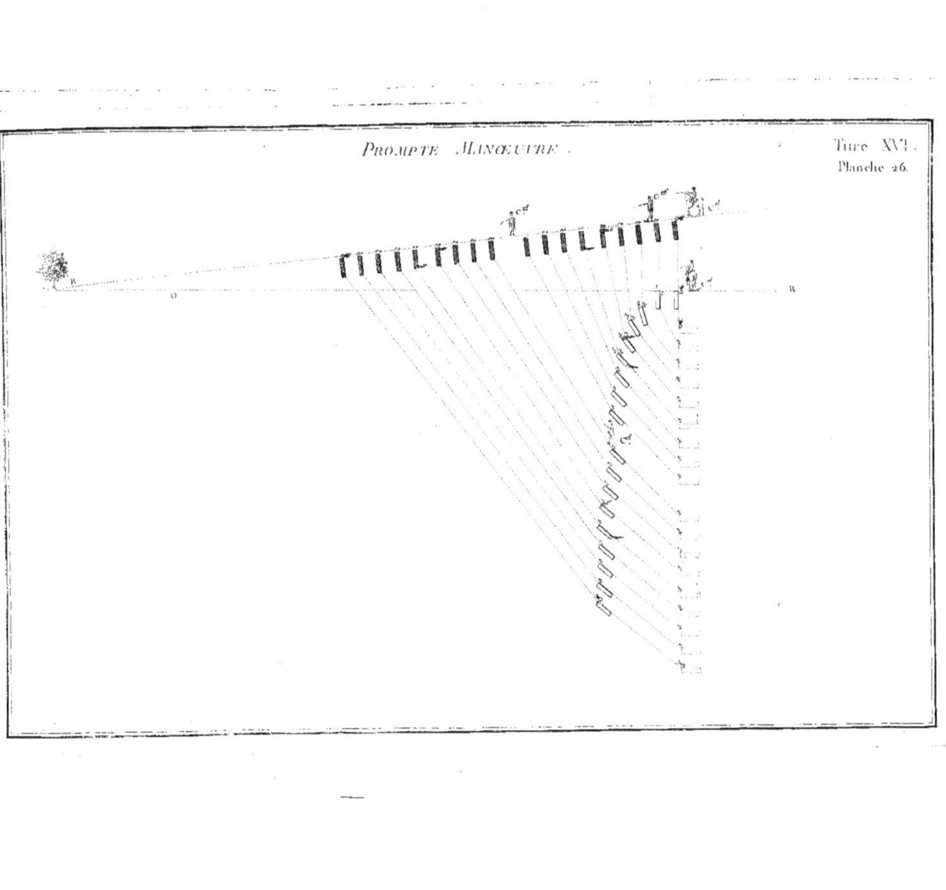